# Die Veredelung der Zeit

Arnold Mettnitzer

Arnold Mettnitzer

# Die Veredelung der Zeit

Eine Liebeserklärung ans Älterwerden

KNEIPP
VERLAG WIEN

# Inhalt

Altsein ist ein herrlich Ding, wenn man nicht verlernt hat, was anfangen heißt.

Martin Buber

„Fangen wir an! Fangen wir an! Jeder ist wichtig, weil ein jeder was kann!“ Drei Vorschulkinder sitzen auf dem Gehsteig vor dem Blumengeschäft in der Gersthoferstraße 73 und singen, was sie wohl soeben im Kindergarten in größerer Runde gemeinsam gesungen haben: Als ich am 21. Juli 2018 zufällig in diesen Blumenladen komme, strahlen mich die Kleinen an und tun so, als sängen sie für mich alleine. Diesen drei – heute vielleicht neun oder zehn Jahre alten Kindern – und Jutta, meiner Frau, für die ich damals Blumen kaufen wollte, ist dieses Buch gewidmet.

# Vorwort



„Wahrscheinlich lebt man gar nicht, sondern wartet darauf, dass man bald leben werde; nachher, wenn alles vorbei ist, möchte man erfahren, wer man, solange man gewartet hat, gewesen ist“[1], vermutet Martin Walser. Seit ich diesen Satz vor ziemlich genau fünfundzwanzig Jahren zum ersten Mal gelesen habe, fürchte ich mich davor, in meinem Leben Dinge für wichtig zu nehmen, die diese Aufmerksamkeit nicht verdienen, und dabei Wertvolles und Kostbares zu übersehen. Wer in diesem Zusammenhang von Menschen in helfenden Berufen erwartet, sie könnten Wege aufzeigen und Fragen beantworten, wird womöglich enttäuscht sein. Rezepte und Wegweiser dafür, dass das Leben gelingt, gibt es nicht, auch wenn man sich manchmal in den Ratgeberecken der Buchhandlungen des Eindrucks nicht erwehren kann, es gäbe für jedes Problem das passende Buch, zumindest einen vielversprechenden Titel dazu.

Deshalb ist dieses Buch nicht in erster Linie ein Ratgeber oder Wegweiser, keine Anleitung für geglücktes Leben; es erzählt vielmehr von persönlichen Erfahrungen in Begegnungen mit anderen, von Sternstunden und Enttäuschungen, denn ich bin überzeugt davon, dass ohne den Mut, sich mit anderen auseinanderzusetzen, ohne Respekt, Wertschätzung und täglich geübtes Vertrauen die Grundmelodie im Orchester einer gesunden Gesellschaft verstummen muss. Erst im Miteinander von Glücklichen und Unglücklichen, Gesunden und Kranken, Jungen und Alten zeigen sich nach und nach Möglichkeiten und Chancen, voneinander zu lernen und aneinander zu wachsen. Wenn dieses Buch davon erzählt, dann vor allem, um Leserinnen und Leser dazu einzuladen, in die Kellergänge der eigenen

Erfahrungen hinunterzusteigen, wo die im Laufe der Jahre gereiften Weine der Weisheit liegen und nur darauf warten, entdeckt, entstaubt, gehoben und möglichst gemeinsam mit anderen genossen zu werden.

Aber: Obwohl es keine Patentrezepte für ein gelungenes Leben gibt, schon gar nicht für die „Veredelung der Zeit", so gibt es doch wunderbare Glücksstrategien, die uns die in jedem Menschen schlummernden Potenziale entdecken lassen. Das ist deshalb möglich, weil Menschen trotz aller Unterschiedlichkeit in den Tiefenregionen ihres Wesens mehr Gemeinsames als Trennendes entdecken können.

Dass das im Blick auf das Miteinander der Generationen heute besonders schwierig geworden ist, steht außer Zweifel. „Noch niemals in der Geschichte der Menschheit waren wohl die Abstände zwischen den Generationen so groß wie heute"[2], vermutet Olga Tokarczuk, die polnische Literaturnobelpreisträgerin 2018. Eine Pandemie, die den Jüngeren mehr zugesetzt hat als den Älteren, hat diese Entwicklung genauso befeuert wie die Debatte rund um die Klimaveränderungen und die Notwendigkeit, darauf not-wendend zu reagieren. Die Jüngeren lehnen sich dabei gegen ein „Nach-mir-die-Sintflut-Denken" der Älteren auf und werfen ihnen zu Recht vor, sich nicht um die Zukunft und konkrete Problemlösungen zu kümmern. Der tiefe Graben, der sich hier mittlerweile auftut, ist aber für Olga Tokarczuk nicht nur Sinnbild eines Konflikts zwischen Jung und Alt, sondern auch einer seltsamen Divergenz zwischen den Generationen, auch wenn sie im selben Kulturraum leben. Enkel und Großeltern haben heute fast gar keinen gemeinsamen Erfahrungsraum mehr, Urenkel und Urgroßeltern erst recht nicht. Während die Enkel sich über ihre Smartphones beugen, schauen die Großeltern ihre Lieblingssendungen im Fernsehen. „Der Zerfall der Bevölkerung in verschiedene ‚Stämme' je nach Generationszugehörigkeit veranschaulicht, wie viele Realitäten sich in ein und demselben Raum befinden. Sie verzahnen, überschneiden, stimulieren sich gegenseitig – und bleiben dennoch strikt getrennt."

Vielleicht war das immer so. Schon Sokrates soll über die Jugend geklagt haben, dass sie den Luxus liebe, schlechte Manieren und keinen Respekt vor älteren Leuten habe: „Die jungen Leute [...] widersprechen ihren Eltern, schwadronieren in der Gesellschaft, verschlingen bei Tisch die Süßspeisen, legen die Beine übereinander und tyrannisieren ihre Lehrer." Das Verlockende dieses Textes, der zwar durchaus aus dem reichen Fundus der dem Philosophen in den Mund gelegten Sätze stammen könnte, aber von ihm anscheinend nie so ausgesprochen wurde, liegt in seiner markanten Bildhaftigkeit, die unsere Vorurteile jungen Menschen gegenüber befeuern könnte und diejenigen der Jüngeren den Älteren gegenüber. Doch gesetzt den Fall, Sokrates, der bedeutendste Philosoph der Antike, hätte diese Sätze tatsächlich gesagt, könnte sein Pauschalurteil über die Jugend ja auch mit der Salvador Dalí zugeschriebenen Vermutung zu tun haben, dass das Problem mit der heutigen Jugend darin bestehe, „dass man selbst nicht mehr dazugehört".

Dass sich die zunächst unüberwindbar scheinenden Gräben zwischen den Generationen bei eingehender Beschäftigung in spannende Begegnungsfelder und manchmal unerwartet heiter-fruchtbare Inspirationsquellen verwandeln können, davon bin ich im Grunde seit meinem siebzehnten Lebensjahr überzeugt. Als Gymnasiast zu Besuch bei meinem Schulkollegen Charly Riesenhuber in

Krummnussbaum an der Westbahn stand ich damals vor dem Eingangstor zum Friedhof in Marbach an der Donau vor einem Schild mit der Aufschrift: „Was ihr jetzt seid, das waren einst wir! Was wir jetzt sind, das werdet auch ihr!"

In den Jahrzehnten meiner seelsorglichen und therapeutischen Tätigkeit hat sich dieses Gespräch am Friedhofstor zwischen Lebenden und Verstorbenen zum Gespräch unter Lebenden gewandelt. Wie dabei die Begeisterung der Jugend das Salz der Gesellschaft sein mag, bleibt die Weisheit des Alters ihr Pfeffer. Eine lebendige Gesellschaft braucht beides gegen die Langeweile und Fadesse sich voneinander abgrenzender Altersgruppen. Deshalb begibt sich dieses Buch auf die Suche nach Möglichkeiten, im Älterwerden jung zu bleiben, und erzählt von Menschen, denen dieses Kunststück gelungen ist.

Wie ein roter Faden zieht sich das Gespräch zwischen Jungen und Alten, Gesunden und Kranken, Glücklichen und Unglücklichen durch mein Leben. Fünfundvierzig Jahre meiner seelsorglichen Verantwortung und dreißig Jahre meiner Tätigkeit als Psychotherapeut konnten mich von der heilenden Kraft der Zwiesprache unter Lebenden überzeugen. Statt an Gräbern zu stehen, schauen Junge im Gespräch mit Älteren in ihre eigene Zukunft und Alte im Blick auf die Jugend in ihre eigene Vergangenheit und bleiben dabei – mit etwas Glück – offen und neugierig, am Leben anderer Menschen interessiert und bis zuletzt bereit, den Blick über den Tellerrand hinaus zu wagen.

Wie die Begeisterung
der Jugend das Salz
der Gesellschaft sein
mag, bleibt die Weisheit
des Alters ihr Pfeffer.

# Glückspilze und Welterfinder



Der Titel dieses Buches verdankt sich einer Vorgeschichte. In einem kleinen Team in der Marktgemeinde Moosburg in der Kärntner Wörtherseeregion hatten wir vor ein paar Jahren damit begonnen, über Maßnahmen gegen das Aussterben des Ortskerns nachzudenken. Nach zwei Jahren gründlicher Beratung und Planung hoben wir den Verein „zumglueck.jetzt – Initiativen zur Veredelung der Zeit" aus der Taufe und machten damit Moosburg zur ersten Glücksgemeinde Österreichs. Was dort in der Zwischenzeit den Besucherinnen und Besuchern angeboten wird, lässt sich mit gutem Gewissen als Glücksparcours beschreiben, als Spielwiese, die Menschen aller Alters- und Berufsgruppen einlädt und motiviert, in ihrem Leben geglückte Momente und gelungene Augenblicke freizulegen und diese mit anderen zu teilen.

Zum Zeitpunkt der Eröffnung dieses Vereins am 23. Oktober 2020 erhielt die inzwischen leider verstorbene US-amerikanische Lyrikerin Louise Glück[3] den Nobelpreis für Literatur 2020 für ihre „unverwechselbare poetische Stimme". Für unser Kernteam ein wunderbares transatlantisches Gründungsgeschenk. Nicht nur ihr Name steht für unser Programm, auch ihre Lyrik entspricht unserem Anliegen; denn sie wendet sich in ihren Gedichten nicht an die Welteroberer, die sich als Glücksritter in ihrer Suche nach dem Glück im Äußeren verlieren. Die Adressaten ihrer Lyrik sind die Glückspilze, die Welterfinder, die wissen, dass sie das Glück zuallererst in ihrem Inneren suchen müssen, und die von dort aus nach Möglichkeiten gelungenen und geglückten Lebens Ausschau halten. Die Veredelung der Zeit kann so betrachtet nur gelingen, wenn Menschen sich als Gemeinschaftswesen begreifen, bereit, miteinander und voneinander zu lernen und im ständigen Miteinander von Jung und Alt auf der Suche zu bleiben, sich aneinander zu freuen, sich aber auch aneinander zu reiben und sich gelegentlich übereinander zu wundern. Daraus ergeben sich „wie von selbst" drei Grundhaltungen: im Blick nach vorne die Bitte, im Blick zurück die Dankbarkeit und im Blick auf das, was möglich geworden ist, ein großes Staunen.

Je älter ich geworden bin, umso deutlicher haben sich mir diese drei Grundhaltungen (ich nenne sie die Tugenden der Erntedankbarkeit) als die wesentlichen Koordinaten des Lebens gezeigt; ohne sie ist das, was in diesem Buch als Veredelung der Zeit beschrieben wird, nicht denkbar; und dort, wo sie fehlen, ist nach und nach jene Art von Bitterkeit zu erleben, vor der Erwin Ringel in seinen Vorträgen unter Berufung auf den norwegischen Erzähler Knut Hamsun gewarnt hat: „Das Alter macht alt, sonst gar nichts." Dieser Einstellung bin ich in den neun Jahren meines Studiums in Rom so gut wie nie begegnet. Die dort vorherrschende Überzeugung lautet: „Das Alter ist die Transparenz des Lichts!" Nie sind Menschen, geläutert durch ihre Erlebnisse und Erfahrungen, so durchsichtig und klar wie im Herbst ihres Lebens. Darum genießen auch alte Menschen – und seien sie noch so von Krankheit und Elend gezeichnet – in mediterranen Gesellschaften einen viel höheren Stellenwert als bei uns.

**Drei wichtige Grundhaltungen: im Blick nach vorne die Bitte, im Blick zurück die Dankbarkeit und im Blick auf das, was möglich geworden ist, ein großes Staunen.**

Der argentinische Psychotherapeut und Schriftsteller Jorge Bucay stellt in seinem Buch „Geschichten zum Nachdenken“ die Frage, ob es verlässliche Wahrheiten gibt, die „so felsenfest und unumstößlich sind wie geografische Gegebenheiten“[4], oder ob es sich dabei lediglich um vergängliche, leicht zerbrechliche Konstrukte handelt. Er nennt drei Wahrheiten, die für ihn so zweifelsfrei gültig sind, „wie sie nach gesundem Menschenverstand nur sein können“.

Die erste Wahrheit lautet: „Was ist, das ist.“

Dazu muss man aber zunächst akzeptieren, dass das, was mir im Leben geschehen ist, die Situationen, denen ich ungefragt ausgesetzt worden bin, so sind, wie sie sind, und dass ich sie nicht ohne Weiteres ändern kann. Die Wirklichkeit ist, wie sie ist, jetzt und hier und in jedem Moment, in dem ich mich mit ihr beschäftige. Sie ist nicht so, wie sie gestern war oder wie sie morgen sein wird. Sie ist, wie sie ist. Ohne das zu akzeptieren, gibt es keinen verlässlichen Ausgangspunkt. Viele Patientinnen und Patienten lassen sich deshalb erst so spät helfen, weil sie viel zu lange nicht wahrhaben wollten, dass ihr körperlicher und seelischer Zustand so ist, wie er ist. Lange haben sie versucht, sich selbst mit „Es wird schon wieder“ zu vertrösten, bis sie sich eingestehen mussten, dass es ohne fremde Hilfe nicht mehr wird. Aus der Einsicht, dass das, was ist, ist, schließt Bucay, dass er auch der ist, der er ist. Nicht der, der er sein möchte, nicht der, der er sein sollte, nicht der, den die anderen gerne hätten, auch nicht der, der er früher war, sondern eben der, der er ist. Und wenn es schon schwierig ist, zu akzeptieren, der Mensch zu sein, der man ist, wie schwer ist es dann erst, einem anderen zuzugestehen, zu sein, wer er oder sie ist. Auch die anderen sind nicht, wer sie einmal waren, und noch nicht jene, die sie vielleicht einmal sein werden. Jeder und jede Einzelne ist, wer er bzw. sie ist. Dies zu akzeptieren bedeutet, die anderen zu respektieren und nicht von ihnen zu verlangen, dass sie sich ändern. Und auf der Basis dieser grundlegenden, keineswegs banalen Überlegungen definiert Jorge Bucay die Liebe als „die uneigennützige Aufgabe, Raum zu schaffen, damit der andere sein kann, wer er ist“[5].

Das ist Bucays – und meine – erste verlässliche Wahrheit, ohne die „eine Liebeserklärung ans Älterwerden“ nicht vorstellbar wäre; erst in dem von Jungen und Älteren gemeinsam geschaffenen Raum der gegenseitigen Hilfe, der Wertschätzung und Dankbarkeit können sich auch Schönheit und Attraktivität des Älterwerdens entfalten.

Die zweite Wahrheit lautet: „Das Gute gibt es nicht umsonst.“

Alles hat seinen Preis! Wer das Leben als Lottospiel (miss-) versteht, sieht sich nach dem Ausfüllen und Abgeben des Lottoscheins als vorauseilend-glücklichen Gewinner und nach der Ziehung als abermals gescheiterten Verlierer. Die Stimmung pendelt zwischen Hoffnung und Enttäuschung, die mit dem Ausfüllen eines neuen Lottoscheins für kurze Zeit wieder in Hoffnung umschlägt, dabei aber nie zur Ruhe kommt. Die Erkenntnis, dass auch das Gute seinen Preis hat, bedeutet, „ein für alle Mal die kindliche Vorstellung fahrenzulassen, dass mir jemand etwas geben müsse, nur weil ich es will. Dass mich das Leben mit dem ausstatten muss, was ich mir wünsche, nur weil ich es mir wünsche, einfach so, wie von Zauberhand“[6].

Was ist, das ist.

Das Gute gibt es
nicht umsonst.

Niemals etwas tun,
was ich nicht will.

Jorge Bucay, Geschichten zum Nachdenken

20 Auch die dritte, aufs Erste vielleicht plausibel und einfach klingende Wahrheit setzt eine Art psychohygienische Achtsamkeit voraus, und sie ist hinsichtlich der Steigerung der Lebensqualität unentbehrlich: „Es steht fest, dass man niemals all das tun kann, was man will, aber genauso steht fest, dass man niemals etwas zu tun braucht, das man nicht will.“[7]

Kürzer gefasst lautet diese dritte Wahrheit: Ich muss nichts tun, das ich nicht tun will. Vielleicht werden sich manche Menschen von mir abwenden, vielleicht werde ich von manchen keinen Beifall mehr bekommen, aber dafür gewinne ich etwas ganz anderes: Selbstachtung, Autonomie, Individualität – und wahrscheinlich neue Freunde. Für ein gelungenes Leben ist das unverzichtbar.

# Die Grundkoordinaten gelungenen Lebens

Vom ersten Augenblick unseres Lebens bis zum letzten Atemzug leiten uns zwei fundamentale Erfahrungen, die jeder Mensch bereits aus seiner Zeit als Embryo im Mutterleib kennt, sie dort erfahren hat und mit in sein Leben bringt: Die erste ist, mit der Mutter im Mutterleib aufs Engste verbunden gewesen zu sein. Aus dieser schon vorgeburtlich im Hirn jedes Menschen verankerten Erfahrung entsteht nach der Geburt die Erwartungshaltung, dass es da draußen in der Welt so weitergeht, dass auch da jemand ist, der Geborgenheit und Schutz gibt und das Gefühl, dazuzugehören und nicht alleingelassen zu werden.

Und dann bringt ein Kind bei seiner Geburt auch noch eine zweite, bereits im Mutterleib gemachte Erfahrung ins Leben mit: Der Embryo war dort nicht nur geschützt und verbunden, er ist auch gewachsen und konnte sich entfalten; daraus resultiert bei seiner Geburt die Erwartungshaltung, auch das werde da draußen so weitergehen, das Kind werde auch nach der Geburt Gelegenheiten finden, seine Potenziale zu entfalten, zu wachsen und zu zeigen, dass es etwas kann.

**Die Sehnsucht, wachsen zu dürfen und gleichzeitig verbunden zu sein, ist die Triebfeder aller Lebenstage.**

Damit ist mit wenigen Sätzen das Spannungsfeld beschrieben, in dem ein Mensch sein Leben von „vor der Wiege“ – und nicht nur im sprichwörtlichen Sinn „von der Wiege“ – bis zur Bahre verbringt. Die Sehnsucht, die er vorgeburtlich kennt, nämlich wachsen zu dürfen und gleichzeitig verbunden zu sein, diese Sehnsucht hört nach seiner Geburt niemals auf, sie ist und bleibt der innere Motor und die Triebfeder all seiner Lebenstage.

Wenn eines dieser Bedürfnisse nicht gestillt werden kann, dann leidet er Not, die als tiefer innerer Schmerz wahrgenommen wird. Deshalb besteht, wie uns Neurobiologen versichern, die größte Sehnsucht des Menschen darin, von anderen Menschen als Mensch behandelt zu werden, Gemeinschaften zu finden, in denen er bzw. sie sich geborgen fühlt und sich entfalten kann. Nach nichts nämlich hat ein Mensch größere Sehnsucht als nach anderen Menschen – und nichts ist kränkender, als von anderen übersehen, links liegen gelassen, oder, wie man in Wien sagt, „nicht einmal ignoriert" zu werden. Das Grundbedürfnis des Menschen besteht darin, „zwischenmenschliche Anerkennung, Wertschätzung, Zuwendung oder Zuneigung zu finden und zu geben", schreibt der Neurowissenschaftler und Psychotherapeut Joachim Bauer in „Prinzip Menschlichkeit".[8] Wenn sich daher ein Mensch auf Dauer nur auf sich allein zurückgeworfen weiß, leidet er Not. Wer nicht bekommt, was er oder sie sich wünscht, nimmt sich in der Folge das, was halt zu kriegen ist, Ersatzbefriedigungen als „Überbrückungshilfe": Drogen, Alkohol, Karriere, Macht, um letztendlich, so das alles unerreichbar bleibt, ganz gleich in welchem Alter, in Pessimismus und misanthropischer Resignation zu ertrinken.

## Die drei Schätze der Lebendigkeit

Nach einer persönlichen Begegnung im Jänner 2011 mit dem Shaolin-Großmeister Shi Yan Liang[9], der Managern verschiedener Wirtschaftszweige während eines gemeinsamen Frühstücks drei buddhistische Weisheiten zu vermitteln versuchte, habe ich die folgenden drei Schätze der Lebendigkeit auch ins Leitbild meiner therapeutischen Arbeit aufgenommen.[10]

Der erste Schatz der Lebendigkeit besteht in der Kraft der Vorfahren (Jing), in der Kraft der Wurzel, in den Erfahrungen aus der eigenen Familiengeschichte. Wir alle stehen auf den Schultern derer, die vor uns waren und ohne die es uns nicht gäbe. Sich der eigenen Wurzeln, der eigenen Herkunft, der eigenen Familie bewusst zu sein, ist das verlässlichste Fundament im Leben und der Ausgangspunkt aller Gedanken und Überlegungen rund um die Frage, wer ich bin, was ich kann, wem ich mein Dasein in der Welt und an dem ganz konkreten Ort meiner Geburt, meiner Kindheit und Jugend und den späteren Stationen meines Lebens verdanke.

**Wir stehen auf den Schultern derer, die vor uns waren und ohne die es uns nicht gäbe.**

Als ich einmal einen meiner Patienten am Beginn der Therapie nach seiner Herkunftsfamilie fragen wollte, wurde er ärgerlich und bat mich, ihm diese Frage nie mehr zu stellen, weil er mit seiner Herkunftsfamilie „fertig" sei und alles unternommen habe, sich von ihr nicht mehr „fertigmachen" zu lassen. Ich bat ihn um Entschuldigung und bestätigte ihm, dass er und nur er allein den Inhalt unserer Gespräche zu bestimmen habe. Nach und nach begann er dann, unaufgefordert immer wieder und immer mehr von dem zu erzählen, was seiner Seele in seiner Kindheit Schürfwunden zugefügt hatte. Dabei entdeckte er auch bisher so noch nie bedachte Kostbarkeiten, seine Augen leuchteten, wenn er davon erzählte. Schließlich ahnte er, dass die schwere Depression, deretwegen er zu mir gekommen war, „vielleicht sogar“ mit Erlebnissen in seiner Kindheit zu tun haben könnte, über die mit niemandem zu reden er sich fest vorgenommen hatte.

Der zweite Schatz der Lebendigkeit besteht in der Lebensenergie (Qi), die der Körper braucht, um leisten zu können, was von ihm verlangt wird. Diese Energie schöpfen wir zuallererst aus den vier Elementen Wasser, Luft, Licht und Erde: So gesehen ist der Mensch das Vier-Elemente-Wesen par excellence: Wasser ist nicht nur unser „erstes“ und wichtigstes Grundnahrungsmittel; auch unser Organismus besteht zum größten Teil aus Wasser (bei Säuglingen zu achtzig bis fünfundachtzig Prozent und bei Erwachsenen zu siebzig Prozent); unser zweites „wichtigstes“ Grundnahrungsmittel ist die Luft, die wir im Urschrei bei der Geburt zum ersten Mal in uns saugen, damit selbstständig zu atmen beginnen und das bis zum letzten Atemzug als das verlässlichste Zeichen unserer Lebendigkeit fortsetzen; unser „drittes“ wichtigstes Grundnahrungsmittel ist die Sonne, das „Licht der Welt“, das wir bei unserer Geburt erblicken und das Ingeborg Bachmann in ihrem Gedicht „An die Sonne“ hymnisch besingt: „Nichts Schönres unter der Sonne, als unter der Sonne zu sein“[11]; unser viertes „wichtigstes“ Grundnahrungsmittel sind die Früchte der Erde und der menschlichen Arbeit, die Erde selbst als fester Boden unter unseren Füßen und als unser verlässlichster Halt, bis wir zu guter Letzt darin zur letzten Ruhe gebettet werden. In der Shaolin-Kultur sind die „Früchte der Erde“ als vegetarische Energiespender von entscheidender Bedeutung: Dadurch ist einerseits eine nachhaltige und gesunde Ernährung garantiert und andererseits auch das Mitgefühl anderen Lebewesen und der gesamten Natur gegenüber.

Der dritte Schatz der Lebendigkeit besteht im Lebensfeuer (Shen), in dem, wofür wir brennen, was uns inspiriert und begeistert. Dieses Lebensfeuer ist der innere Motor des Menschen; doch gerade dieser Motor droht uns in einer überfunktionalisierten Welt hoffnungslos abhandenzukommen und mit ihm die Freude am Leben. Um dieses Lebensfeuer nicht aus dem Blick zu verlieren, lohnt es sich für Menschen aller Altersstufen, immer wieder den Blick auf die Kinder zu richten; sie nämlich sind die ursprünglichsten Hüter des Lebensfeuers, wenn sie – neugierig, wie sie sind – dreihundert bis vierhundert Fragen stellen, dabei ähnlich oft lachen und sich zwanzig bis fünfzig Mal am Tag „restlos" für etwas begeistern. Und jedes Mal, wenn sie sich an etwas erfreuen und sich für etwas begeistern, schüttet das Gehirn Nährstoffe für die Umbauprozesse im Hirn aus. Diese Nährstoffe, sogenannte neuroplastische Botenstoffe, werden nur bei besonderen Gelegenheiten ausgeschüttet, dann, wenn uns etwas berührt und unter die Haut geht, nicht im langweiligen Routinebetrieb täglicher Aktivitäten. Diese Botenstoffe können etwas anderes als etwa Aufputschmittel, die wir schlucken, um besser zu funktionieren. Ein Albert Schweitzer zugeschriebenes Wort warnt: „Mit den Jahren runzelt die Haut, mit dem Verzicht auf Begeisterung aber runzelt die Seele."

**Das Lebensfeuer ist der innere Motor des Menschen.**

## Sei, der du bist, und gib, was du hast

Zur Feier meines siebzigsten Geburtstags im November 2022 habe ich im kleinen Kreis mir vertrauter Menschen laut darüber nachgedacht, dass die Zeit vor mir weit kürzer sein wird als jene, die bereits hinter mir liegt. Dabei erinnerte ich mich an ein Gespräch mit meiner Großmutter Theresia Rauter, der Stiefmutter meiner Mutter, die im Jahr 1968 die (vermutlich) einzige Reise ihres Lebens nach Wien unternommen hatte, um dort eine ihrer Freundinnen zu besuchen. Dass sie mich zu ihrer Freundin mitnahm, war für mich, der ich als „Internatling"[12] im Konvikt der Oblaten der Makellosen Jungfrau Maria in der Wiener Auhofstraße 8 im Nobelbezirk Hietzing wohnte, eine wohltuende Abwechslung. Ich war damals in meinem sechzehnten Lebensjahr, besuchte das Humanistische Gymnasium in der Wiener Fichtnergasse 15 und glaubte, den beiden Damen durch ein kleines Rechenbeispiel die Kürze des Lebens vor Augen führen zu müssen: „Es dauert nicht lange und ich bin dreißig und auch dann dauert es nicht mehr lange und ich werde sechzig Jahre alt sein."

Von der Tiefe dieser meiner Überlegungen selbst höchst beeindruckt, wunderte ich mich darüber, wie wenig meine Oma und ihre Freundin davon hören wollten. Und ich erinnere mich daran, wie Oma vor unserer Gastgeberin, etwas peinlich berührt von meinen „Klugscheißereien", andererseits aber irgendwie auch wieder stolz auf mein unerschrockenes Großmaul, lächelnd zu mir sagte: „Ich bin schon lange bevor du auf die Welt gekommen bist, sechzig Jahre alt gewesen."

Rückblicke und Ausblicke rund um den eigenen Geburtstag sind seither geblieben, haben sich im Grunde zu einem eigenartigen Ritual persönlicher Nachdenklichkeit entwickelt, mit dem es mir beinahe in jedem Jahr rund um meinen Geburtstag gelungen ist, irgendjemanden vor den Kopf zu stoßen.

So haben auch rund um meinen Siebziger nicht alle verstanden, dass ich mich bei ihnen für das gemeinsame Feiern mit dem folgenden Gedicht von Rose Ausländer[13] bedanken wollte – jemand meinte sogar, ein solcher Text sei einem älteren Menschen nicht zuzumuten:

*Noch bist du da*

*Wirf deine Angst*
*in die Luft*

*Bald*
*ist deine Zeit um*
*bald*
*wächst der Himmel*
*unter dem Gras*
*fallen deine Träume*
*ins Nirgends*

*Noch duftet die Nelke*
*singt die Drossel*
*noch darfst du lieben*
*Worte verschenken*
*noch bist du da*

*Sei was du bist*
*Gib was du hast*

Dass ich nicht mehr jung bin, wird mir immer wieder vor Augen geführt, zuletzt am 25. November 2023 im Grazer Minoritensaal während eines Vortrags. Ich zitierte dort ein Gedicht von Hans-Curt Flemming und nannte ihn – wie auch sonst immer – „einen jungen deutschen Schriftsteller“. Doch während ich das sagte, wurde mir plötzlich klar, dass ich mich noch nie gefragt hatte, wie alt er denn mittlerweile tatsächlich ist. Jetzt erst, zum ersten Mal, interessierte ich mich für sein Alter und stellte fest, dass Flemming, geboren 1947, fünf Jahre älter ist als ich, in Stuttgart und Freiburg Chemie studiert hat, als Chemiker im Umweltschutzbereich (Wasser) an der Universität Stuttgart beschäftigt war und seine Lyrik- und Prosatexte in Anthologien und Zeitschriften veröffentlichte.

Obwohl also auch er in der Zwischenzeit nicht mehr zu den Jungen zählt, sind seine Gedichte jung geblieben und eignen sich als Leitmotive zur Veredelung der Zeit, wie auch die zwei folgenden.

Das eine, unter der Überschrift „vorschlag für meine grabinschrift“[14], lautet:

*gelebt*
*hat er nur*
*die zeit*
*die er sich*
*genommen hat*

Das andere, mit dem Titel „glück“[15]:

*sich zurücklegen*
*die augen schließen*
*den mund leicht spitzen*
*und darauf warten*
*geküßt zu werden*

*und dann*
*geküßt werden*

Auch Jean Améry befasst sich in seinem bitteren, außergewöhnlich klugen Buch mit dem Titel „Über das Altern. Revolte und Resignation“ mit der Zeit und beklagt: „Sie ist nicht nur ungreifbar; sie ist auch voller Ungereimtheit, bittere Verhöhnung jeder angestrebten intellektuellen Präzision.“[16] Da gibt es den einen, dem die „gute Zeit“ zum Feind wird, und den anderen, dem die „böse Zeit“ zum einzigen Freund wird, „an den er sich anklammert wie der zum Tod Verurteilte“, und den dritten, ein junger Mensch, der sehr viel Zeit vor sich hat und sich deshalb für die Zeit gar nicht interessiert. „Aber morgen fährt er mit seinem Wagen gegen eine Platane und liegt zerschmettert auf der route nationale.“[17] Es ist ein philosophischer Blick auf die Zeit des Lebens, der nicht tröstet, sondern eher verstört, aber das so genial, dass er die Lebensgeister, sollten sie schon müde geworden sein, wieder wachzuküssen imstande ist. Denn, so Améry, zumindest das sollte einem Menschen, wie viel Zeit ihm auch gegeben sein mag, zugemutet werden können: Nicht „in den Tag hineinzuleben wie das liebe Vieh oder der tapfere Nachbar. Er sollte vertraut sein mit dem Tode – nicht mit dem der anderen, [...], sondern mit dem eigenen.“[18]

Die beste Arznei für den Menschen ist der Mensch. Der höchste Grad dieser Arznei ist die Liebe.

Paracelsus

# Wie Begegnungen die Zeit veredeln



Begegnungen sind die Zeitveredelungsmöglichkeiten par excellence. Das lässt sich gut und leicht begründen: Erstens, weil wir nicht anders können, wie uns das Paul Watzlawick mit seinem Satz „Wir können nicht nicht kommunizieren" bewusst gemacht hat; zweitens, weil, wie schon Theophrastus Bombast von Hohenheim, genannt Paracelsus, zu erklären nicht müde geworden ist, der Mensch die beste Arznei für den Menschen ist und die beste Dosierung dieser Arznei durch die Liebe erfolgt. Paracelsus verdanken wir auch die Erkenntnis, dass in der Dosis das Gift liegt, dass es also auch bei der Anwendung der besten Arznei für einen Menschen auf das sprichwörtliche Fingerspitzengefühl ankommt, auf die richtige Dosierung, damit behutsam dosierte Liebe „Menschennot-Wendendes" zur Folge hat. Menschen geht es im Umfeld von Gleichgesinnten nicht nur gut, sie schöpfen daraus auch Kraft und wachsen so in diesem Mistbeet wohlwollender Geborgenheit über sich hinaus. „Gleich und gleich gesellt sich gern", sagt dazu eine Volksweisheit. Umgekehrt wachsen Menschen aber auch an Menschen, an denen sie zu leiden haben und die sie – aus welchen Gründen auch immer – als Gegner erleben (müssen). Natürlich entscheidet auch hier die Dosis darüber, was gerade noch erträglich und was nicht mehr auszuhalten ist. Im Idealfall ziehen sich Gegensätze sogar an, wie ein weiteres Sprichwort zu wissen meint. Das Entscheidende liegt aber in beiden Bereichen in einem Miteinander, dem der Philosoph Arthur Schopenhauer 1851 in seinem Werk „Parerga und Paralipomena" eine Parabel gewidmet hat: Darin erzählt er von einer Gesellschaft von Stachelschweinen, die sich an einem kalten Wintertag recht nahe zusammendrängen, um sich durch die gegenseitige Wärme vor dem Erfrieren zu schützen. Doch je näher sie zusammenrücken, desto stärker spüren sie auch die Stacheln der anderen. Je weiter sie aber auseinanderrücken, desto mehr leiden sie unter der Kälte. Zwischen diesen beiden Leidenszuständen finden sie schließlich eine mittlere Entfernung voneinander heraus, in der sie es am besten aushalten. Der Philosoph zieht daraus den Schluss: „So treibt das Bedürfnis der Gesellschaft, aus der Leere und Monotonie des eigenen Innern entsprungen, die Menschen zu einander; aber ihre vielen widerwärtigen Eigenschaften und unerträglichen Fehler stoßen sie wieder voneinander ab. Die mittlere Entfernung, die sie endlich herausfinden, und bei welcher ein Beysammensein bestehen kann, ist die Höflichkeit und feine Sitte.“[19]

Diese mittlere Entfernung von Höflichkeit und feiner Sitte darf aber, um in unserem Fall brauchbar zu sein, nicht als „goldene Mitte“ missverstanden werden, die allzu leicht faule Kompromisse erzeugt; wer es jedem recht machen und keinem wehtun möchte, ist auf Dauer für ein Miteinander nicht brauchbar; Höflichkeit und Sitte funktionieren nur, wenn Menschen einerseits authentisch und sich selbst treu bleiben, andererseits nicht blind werden für die anderen, ihnen auf Augenhöhe begegnen und dabei eine Streitkultur pflegen, die Kompromisse nicht als Niederlagen, sondern als Ergebnisse gemeinsamen Ringens verstehen.

**Wer es jedem recht machen und keinem wehtun möchte, ist auf Dauer für ein Miteinander nicht brauchbar.**

Auf Dauer kann kein Mensch, auch Mönch und Nonne nicht, allein durchs Leben gehen. Jeder Mensch bleibt auf andere Menschen angewiesen. Dieses Aufeinander-angewiesen-Sein beschert den Menschen täglich die spannendsten Abenteuer und die größtmöglichen Zumutungen. Wer aus Angst, dabei enttäuscht zu werden, die Türen zu seinem Inneren und zu den anderen verschlossen hält, wird von ihnen getrennt und allein bleiben müssen.

## Alles wirkliche Leben ist Begegnung

„Es gibt kein Ich an sich“[20], und „Alles wirkliche Leben ist Begegnung“, schreibt der jüdische Religionsphilosoph Martin Buber. Er setzt dabei aber voraus, dass in solchen Begegnungen das Ich und das Du auf beiden Seiten „mit dem ganzen Wesen“ gesprochen werden. Diese Gedanken und die damit zusammenhängenden Texte begeisterten mich im ersten Jahr meines Theologiestudiums weit mehr als die uns damals aufgetragene tägliche Lektüre der Bibel. In der Folge waren dann die Vorlesungen über die Philosophie Martin Bubers bei Professor Augustinus Karl Wucherer-Huldenfeld[21] nicht nur für mich wöchentliche Pflichttermine. Wir stürmten seine Vorlesungen und genossen sein unterhaltsam-tiefsinniges pädagogisches Geschick. Ich erinnere mich noch sehr genau daran, wie die erste Vorlesungsstunde begann: „Es klopft. Du fragst: ‚Wer ist da?‘ Von draußen ruft jemand: ‚Ich!‘ – ‚Ah, du!‘, sagst du und öffnest die Tür. Meine Damen und Herren, was hier geschieht, wenn einer beim anderen anklopft, wird uns in den kommenden Wochen und Monaten in unserer Vorlesung beschäftigen.“ Fasziniert, wie ich war, war ich dann auch einer der ersten, der bei ihm die Prüfung über die Sozialphilosophie Martin Bubers ablegen wollte, mit einem Ergebnis, das mir genauso in Erinnerung geblieben ist wie der Beginn seiner Vorlesungen: „Herr Kollege, Sie brennen ja für Buber, verstanden haben Sie ihn allerdings noch nicht! Aber in Anerkennung Ihres Eifers will ich Ihnen gerne ein ‚gerade noch genügend' geben." Dass ich im Grunde mein Leben lang von der Gedankenwelt Martin Bubers nicht losgekommen bin, ist vielleicht auch mit diesem Prüfungsergebnis aufs Engste verbunden. Und ich weiß nicht, ob ich den Mut dazu hätte, müsste ich heute noch einmal bei meinem hochbetagten Lehrer zur Prüfung antreten.

Dass wir im Leben immer damit rechnen müssen, die Prüfungen, vor die wir gestellt werden, nicht zu bestehen, zeigt ein Erlebnis, von dem Martin Buber erzählt:[22] Er habe einmal an einem Vormittag nach einem Morgen „religiöser Begeisterung" einen jungen Studenten zum Gespräch empfangen, sei aber mit seiner Seele nicht dabei gewesen. Er sei zwar freundlich und entgegenkommend gewesen, wie stets, wenn ihn Studenten – „wie ein Orakel, das mit sich reden lässt" – aufsuchten; er habe sich mit ihm zugewandt und offen unterhalten, es aber unterlassen, „die Fragen zu erraten, die er nicht stellte". Doch bald darauf habe er von einem Freund des jungen Besuchers – dieser war da schon nicht mehr am Leben – erfahren, warum dieser eigentlich gekommen war: Nicht zum Plaudern, sondern, ohne es zu sagen, um in seiner Verzweiflung Ermutigung und Hilfe zu suchen. Und erschrocken darüber, wie sehr man vermeintlich aufmerksam sein und trotzdem das Wesentliche überhören kann, stellt Buber an sich selbst die Frage, was in einem Menschen vor sich geht, der in letzter Verzweiflung einen Menschen aufsucht. Zeigt sich nicht gerade in solchen Begegnungen, wie oft Menschen bei anderen Menschen auf der Suche nach dem Sinn Hilfe erwarten, aber den Mut nicht haben, das auszusprechen, was ihnen auf der Seele liegt? Und trotzdem scheinen sie getrieben von der Hoffnung, dass der, an dessen Tür sie klopfen, hinter den Worten und zwischen den Zeilen erahnen möge, was sie zu ihm führt. Jedenfalls habe Buber, so erzählt er, nach diesem Erlebnis alles Religiöse, das in Sonderbereiche verlagert und dort als „Ausnahme, Herausnahme und Ekstasis“ verstanden wird, aufgegeben und sei zur Erkenntnis gekommen, nichts weiter zu besitzen als den Alltag, der ihn stets umgebe. Er „kenne keine Fülle mehr als die Fülle jeder sterblichen Stunde an Anspruch und Verantwortung“. Wer glaubt, sich aus Sehnsucht nach dem Religiösen vom Alltag verabschieden zu müssen, ist gut beraten, sich von dieser Art der Religiosität zu verabschieden. Wenn Religion nicht einfach alles ist, „das schlichte gelebte Alles in seiner Möglichkeit der Zwiesprache“[23], ist sie den Aufwand von Zeit und Kraft nicht wert.

**Man kann vermeintlich aufmerksam sein und trotzdem das Wesentliche überhören: Oft haben Menschen nicht den Mut, das auszusprechen, was ihnen auf der Seele liegt.**

## Widerstand ist Leben

Eine besondere Form der Beziehung zu anderen Menschen sind Gegnerschaften. Am 8. Oktober 2023 überreichte die Internationale Christine Lavant Gesellschaft dem 1989 in Charkiw geborenen deutschsprachigen Lyriker, Übersetzer und Herausgeber Yevgeniy Breyger im Radiokulturhaus in Wien den diesjährigen Christine-Lavant-Preis. In seiner Dankesrede sagte der Preisträger: „Sie wissen ja, der Zustimmung folgt kein Denken, Zustimmung ist das Ende der Kunst, Zustimmung ist Tod, Widerstand ist

Leben." Durch diesen Satz fühlte ich in mir nach langer Zeit wieder etwas von der Kraft, mit der ich schon als Kind von acht Jahren Widerrede und Widerstand zu leisten Gelegenheit hatte.

**Eine besondere Form der Beziehung zu anderen Menschen sind Gegnerschaften.**

Das eheliche Glück meiner Eltern war bereits nach wenigen Monaten verflogen gewesen. Trotzdem sollte es noch Jahre dauern, bis meine Mutter – nicht zuletzt ermutigt durch den Stadtpfarrer von Gmünd, Dechant Melchior Granig – den Mut fasste, sich von unserem alkoholkranken Vater scheiden zu lassen. Kein leichter Schritt für eine achtundzwanzigjährige Frau mit sechs Kindern im Alter von zwei bis acht Jahren. Nach der Trennung von unserem Vater verbrannte unsere Mutter die Scheidungsdokumente, damit ihre Kinder diese niemals zu Gesicht bekämen, und übersiedelte mit ihnen auf ihren als Mitgift in die Ehe mitgebrachten Bergbauernhof. Die Felder der dazugehörigen Almwirtschaft verpachtete sie an einen Großbauern, der sich uns sechs Kindern gegenüber so benahm, als hätte er mit den Feldern auch unsere Arbeitskraft mitgepachtet. Seinem groben und selbstherrlichen Auftreten uns gegenüber wusste unsere Mutter nichts entgegenzusetzen. Mir aber, dem ältesten von uns Geschwistern, erwuchs so mein erster ziemlich bester Feind. Ihm Widerstand zu leisten, mich seinen lautstarken Kommandotönen zu widersetzen, erachtete ich als meine Pflicht. Ich konnte und wollte es einfach nicht ertragen, von diesem Menschen – wenn er glaubte, uns Befehle erteilen zu müssen – behandelt zu werden wie sein Ackergaul, den er mit Peitsche und wilden Flüchen gefügig machen wollte. Einerseits reagierte ich auf seine ständige Dysphorie und leichte Reizbarkeit mit stiller

Schadenfreude, andererseits wunderte ich mich darüber, dass niemand den Mut fand, sich ihm zu widersetzen. In der schwierigen, aber nie ganz aussichtslosen Position eines Einzelkämpfers boten sich mir bei der Heuernte auf dem Feld oder zu Mittag bei Tisch immer wieder Gelegenheiten zu leichten Siegen im Streitgespräch mit ihm. Ihn mit leiseren Tönen und besseren Argumenten zur Weißglut zu bringen, war mir, wenn schon kein Vergnügen, so doch ein stiller Triumph, eine im besten Sinn des Wortes seelennot-wendende Wohltat.

Als er im Sterben lag, ließ er mich rufen, bat mich mit den Worten „bitte glaub mir, ich bin kein schlechter Mensch" um Verzeihung und darum, als katholischer Priester, der ich damals schon war, sein Begräbnis zu gestalten. Ich erinnere mich nicht mehr genau, was ich ihm damals geantwortet habe. Heute wünsche ich mir, ich hätte ihm damals gesagt: „Viel lieber als von dir zu hören, du seist kein schlechter Mensch, hätte ich dir gerne jetzt bestätigt, dass du kein schlechter Mensch gewesen bist." Aber mit Sicherheit entspricht diese Vermutung lediglich meinem heutigen Wunschdenken.

Jedenfalls haben die Preisverleihung der Internationalen Christine Lavant Gesellschaft und die Dankesrede ihres Preisträgers 2023 mir einen bisher nicht gekannten Frieden geschenkt und dazu den bisher unvorstellbaren Wunsch, nach über fünfundvierzig Jahren auf dem Friedhof in Eisentratten ein Grab zu besuchen.

Eine andere Gegnerschaft in meinen jungen Priesterjahren erlebte ich mit Onkel Kajetan, dem Streitbaren, der immer und überall das letzte Wort und dabei natürlich immer auch recht haben musste; ein schwieriger Mensch, berechnend und unangenehm, in Wien hätte man ihn einen „Ungustl“ genannt. Menschen, alle Verwandten miteingeschlossen, waren für ihn erst interessant, wenn sie ihm in irgendeiner Weise nützlich sein konnten. Immanuel Kant, den vor dreihundert Jahren geborenen Philosophen aus Königsberg, kannte er nicht und damit auch nicht den praktischen Imperativ, demzufolge der Mensch stets ein „Zweck an sich“ ist und niemals als „Mittel zum Zwecke anderer“ missbraucht werden darf. Kant schreibt: „Handle so, dass du die Menschheit sowohl in deiner Person, als in der Person eines jeden andern jederzeit zugleich als Zweck, niemals bloß als Mittel brauchest.“

**Der Mensch ist stets ein „Zweck an sich“ und darf niemals als „Mittel zum Zwecke anderer“ missbraucht werden.**

So bin auch ich für Onkel Kajetan erst zu dem Zeitpunkt interessant geworden, als ich ihm erzählte, dass ein Schulkollege von mir in Wien als Rechtsanwalt in Sachen Wasserrecht erfolgreich tätig sei. An den wollte er sich dann unbedingt wenden, um in gerichtlichen Streitigkeiten mit seinen Nachbarn zu gewinnen. Als er im Sterben lag, ließ er mich rufen und bat mich, für sein Begräbnis zu sorgen, „so, wie du meinst, dass es sich gehört“. In der Sorge um ein „gebührendes“ Begräbnis und im Zuge mehrerer Gespräche darüber änderte sich unser Verhältnis. Zwar verliefen diese Gespräche nicht wesentlich anders als sonst, aber irgendwie war da doch ein etwas anderer Ton, eine vorher nie gekannte Wärme, vielleicht auch mitverursacht durch seine Angst, die er vergeblich vor mir zu verbergen versuchte. Sein Begräbnis ist mir in guter Erinnerung. Und auch wenn es pathetisch klingen mag: Erst auf seinem Totenbett war von seiner harten Fassade nichts mehr zu spüren. Als ich ihn so still da liegen sah, dachte ich zum ersten Mal darüber nach, wie einsam er sich wohl sein Leben lang gefühlt haben mochte, wie viele Schwierigkeiten er vor anderen geglaubt hatte verstecken zu müssen, um vor den Leuten als der Starke dazustehen. Manchmal, wenn ich in Radenthein an seinem Grab stehe, rede ich mit ihm. Im Unterschied zu früher gehe ich getröstet und im Frieden von dort weg. Das hängt wohl auch damit zusammen, dass es in unseren Gesprächen jetzt nicht mehr darum geht, wer von uns beiden recht hat und wer das letzte Wort haben muss.

Zwiesprache mit Menschen über das Grab hinaus schafft inneren Frieden, sie veredelt die mir verbleibende Zeit. „Wer nachtragend ist, hat viel zu schleppen", lautet denn auch ein landläufiges Sprichwort.

## Troubled water

In den Gesprächen mit meiner Mutter war die Ehe unserer Eltern eigentlich so gut wie nie ein Thema. Sie sprach darüber in vielsagendem Schweigen, an das sie manchmal den Schlusssatz setzte: „Meine Ehe war im Grunde nach zwei Wochen vorbei." Und so haben wir uns als Geschwister daran gewöhnt, unsere Mutter mit Fragen nach unserem Vater nicht zu quälen.

Als ich später, während meiner Wiener Gymnasialzeit, in den Ferien damit begann, meinen Vater als einziges seiner Kinder in regelmäßigen Abständen zu besuchen, nahm meine Mutter das kommentarlos zur Kenntnis, während mein Bruder Ingomar diese meine Besuche als vorzeitige Pflichtübungen eines zukünftigen Pfarrers verspottete. Mit Vater während dieser Besuche ins Gespräch zu kommen, war noch aussichtsloser als alle daheim mit meiner Mutter unternommenen Versuche. Was wir beide aber gerne mochten, war Kartenspielen, wobei auch das seine Tücken hatte, weil „Tate", wie ich zu ihm sagte, ein schlechter Verlierer war. Gegen seinen Ältesten zu verlieren, konnte er schwer verkraften, und nicht anders war es, wenn er bemerkte, dass ich ihn trotz besserer Karten „um des Friedens willen" gewinnen lassen wollte. Insofern waren meine Besuche bei ihm alles andere als einfach, oft schwierige Gratwanderungen zwischen Zumutung und verletztem Stolz. Manchmal aber ließ er mich dabei für ein paar Augenblicke wie durch ein Schlüsselloch in sein Leben blicken und ahnen, wie sehr er sein „Ingele", unsere Mutter, einmal gerngehabt haben muss. Wenn er davon zu reden begann, klang für mich immer ein uneingestandener Schmerz mit, so als wüsste er im Tiefsten seines Inneren um die Ursachen des Scherbenhaufens in seiner Ehe und Familie. Ihm daraus Vorwürfe zu machen, wäre mir in all unseren Begegnungen im Traum nicht eingefallen.

Im Sommer 1994, kurz nach seinem vierundsechzigsten Geburtstag, wurde mein Vater mit akuter Multiorganschwäche ins Krankenhaus eingeliefert. Bei meinem Besuch dort wurde mir sehr schnell der Ernst seiner Erkrankung bewusst. Und als ich ein paar Tage später von der dramatischen Verschlechterung seines Zustandes erfuhr, war ich gerade mit meiner Mutter im Auto unterwegs und entschloss mich, ihn sofort zu besuchen. Dass meine Mutter darauf bestand, mitzukommen, überraschte mich, war sie doch all die Jahre nach ihrer Scheidung meinem Vater kein einziges Mal mehr persönlich begegnet.

Allein trat ich an sein Sterbebett und sagte ihm, dass auch Mama da sei und draußen warte. „Soll nur draußen bleiben“, antwortete er knapp. Als ich mich später von ihm verabschiedete, fragte ich meinen Vater, ob Mama hereinkommen dürfe. „Wenn sie unbedingt meint, dann soll sie halt kommen“, antwortete er mit einem Hauch von beinahe spitzbübischem Lächeln, so als hätte er auf die Wiederholung meiner Frage gewartet. Angespannt trat meine Mutter an sein Bett. „Inge!“, rief ihr mein Vater entgegen. Ich schloss die Tür hinter mir und ließ die beiden allein. Als Mama nach einer guten Stunde herauskam, hatte sie Tränen in den Augen. Als würde sie mich gar nicht wahrnehmen, sagte sie halblaut vor sich hin: „Nie hätte ich gedacht, dass ich diesem Menschen nach vierunddreißig Jahren so aus ganzem Herzen verzeihen kann!“ Ein paar Tage später, am 25. Juli 1994, starb mein Vater im Krankenhaus in Spittal an der Drau. Ich bin überzeugt, dass er im Grunde seines Herzens auf diese Begegnung gewartet hatte, um versöhnt und in Frieden sterben zu können.

Vergeben und Verzeihen gehören zu den wertvollsten Kulturleistungen des Menschen. Ohne die Kunst der Versöhnung, ohne die Kraft der Vergebung, ohne gelebtes Verzeihen verlieren die kleinen und großen Gemeinschaften in unserer Gesellschaft ihren inneren Halt. Nach nichts hat ein Mensch mehr Sehnsucht als nach dem anderen Menschen, der sich ihm oder ihr vor allem an den entscheidenden Wegkreuzungen des Lebens als Mensch erweist. Diese Liebe weist im Vergeben und Verzeihen „like a bridge over troubled water“ (Paul Simon) über diese Welt hinaus.

**Ohne die Kunst der Versöhnung, ohne gelebtes Verzeihen verlieren die Gemeinschaften in unserer Gesellschaft ihren inneren Halt.**

Sosehr unsere Mutter über ihre Ehe mit unserem Vater zeit seines Lebens zu schweigen wusste, sosehr begann sie nach seinem Tod, als wäre das vorher verboten gewesen, von ihrer Zeit vor der Hochzeit zu erzählen, davon, wem sie gefallen habe, wer ihr gefallen habe, wen sie damals „hätte haben können“ …

Ihr besonderes Interesse bei solchen Gesprächen galt Frauenschicksalen; die gründliche Beschäftigung damit gab ihr das Gefühl, mit ihrem Los nicht allein zu sein. Sisi, die Kaiserin von Österreich und Königin von Ungarn, Gemahlin von Kaiser Franz Josef, stand dabei an erster Stelle. Die Sisi-Biografie „Kaiserin wider Willen“ von Brigitte Hamann lag immer griffbereit auf ihrem Nachtkästchen. Was Elisabeth, eine der unglücklichsten Frauen ihrer Zeit, über ihre eigene Ruhelosigkeit in ihr Tagebuch notierte, war für unsere Mutter kostbar wie ein Bibelspruch: „Der große Wunsch dem größeren weicht, nie zieht ins Herz Genügen ein. Und wenn du je dein Glück erreicht, so hört es auf, dein Glück zu sein.“[24]

Ein bemerkenswert großes, immer wieder zur Sprache gebrachtes Anliegen in unseren Gesprächen über das Leben und die Liebe war unserer Mutter das Glück ihrer Kinder und Enkelkinder. Als regelmäßige und gründliche Leserin der Tageszeitung interessierte sie sich für alles, was es darin an Beziehungsschicksalen zu lesen gab, und sie liebte es, mit mir bei unseren abendlichen Telefonaten darüber zu diskutieren. Einmal überraschte sie mich mit der Aussage: „Ich bin so froh, dass keines meiner Kinder oder Enkelkinder lesbisch oder schwul ist.“ Ich fragte sie: „Was würdest du denn tun, wenn es doch so wäre?“ Und sie antwortete mir:

„Das wäre kein Grund, es nicht gern zu haben, aber schwer wäre es schon." Dann fragte sie mich, ob ich mit Homosexuellen und Lesbierinnen auch in meiner Praxis zu tun hätte. Nachdem ich ihr das bejahen konnte, kam sie immer wieder darauf zu sprechen und fragte sich bzw. mich, wie ein Mensch in unserer Gesellschaft damit zurechtkomme. Ein paar Wochen später erzählte sie mir stolz, dass sie jetzt auch mit ihrer Nachbarin im Betreuten Wohnen darüber gesprochen habe – und dabei ganz neue Wörter gehört habe, bei denen sie zunächst einmal nachfragen musste, was sie bedeuten. „Stell dir vor", sagte sie, „ihr Sohn ist ein ‚echter Transgender', der erst jetzt halbwegs glücklich ist, seit er/sie als Frau leben darf." „Und?", fragte ich sie, „wie kommt deine Mitbewohnerin damit zurecht?" Mit etwas leiserer, nachdenklicher Stimme antwortete sie: „Ich habe den Eindruck, dass sie das schon irgendwie schafft, als Mutter braucht man halt ein bisschen, um sich an die neue Situation zu gewöhnen." Und dann kamen wir beinahe bei jedem meiner Besuche darauf zu sprechen und übten uns mit „binär", „nicht binär", „queer", „gender", „transgender" etc. im Vokabular psychosexueller Vielseitigkeit.

Ich erzählte ihr auch von Simone de Beauvoir, der französischen Schriftstellerin und Philosophin, die mit ihrem Werk „Das andere Geschlecht" schon im Jahr 1949 für heftige Diskussionen gesorgt hatte, weil sie davon überzeugt war, dass man nicht als Frau zur Welt kommt, sondern es erst wird; dass es neben dem biologischen Geschlecht, *Sex*, auch noch ein soziales Geschlecht, *gender*, gibt; dass also das Geschlecht, das uns bei der Geburt zugeschrieben wird, unseren Lebensweg deshalb bestimmt, weil sich über Jahrhunderte bestimmte Vorstellungen mit unserem Geschlecht verknüpft haben. Das Schlimmste aber sei, behauptet Simone de Beauvoir, dass man, wenn man ein

Gefängnis mit unsichtbaren Mauern bewohne, sich der Schranken nicht bewusst sei, die den Horizont versperren. Das interessierte meine Mutter sehr und sie wunderte sich, warum ich ihr bisher noch nie davon erzählt hatte. „Wahrscheinlich wohl, weil euch Männern in der Kirche dieses Thema auch nicht sehr gepasst hat", lächelte sie mir vielsagend zu. Und dann erzählte sie mir von ihrem Vater, meinem Großvater, dem Gast- und Landwirt und Vizebürgermeister, dem sie im Alter von siebzehn Jahren gestand, Lehrerin werden zu wollen. Er habe sie angeherrscht, ihr Vorwürfe gemacht, wie undankbar sie sei, sie werde bald heiraten, bekomme ja ohnehin einen Bauernhof als Mitgift in die Ehe mit und er verstehe beim besten Willen nicht, was sie darüber hinaus sonst noch wolle.

So spannend es war, mit Mama über das Wenige zu reden, das ich von Simone de Beauvoir wusste oder wissen wollte, so mühsam geriet dann ihr Versuch, sich in den tausend Seiten der philosophischen Abhandlung zurechtzufinden.

Heute würde ich meiner Mutter von der queeren Rapperin Kae Tempest erzählen und ihr das Büchlein „Verbundensein" mitbringen, ein kleines, leicht lesbares Buch, das Menschen aller Altersgruppen durch alle Arten von körperlicher Identifikation dazu zu motivieren versucht, aufzustehen und Stellung zu beziehen. Sie zeigt, wie das Verwirklichen der eigenen Kreativität uns helfen kann, einander näherzukommen, einander mit all unseren Unterschieden besser kennenzulernen und unser Selbstbewusstsein zu stärken. Dabei muss klar bleiben, „dass wir in verschiedenen sozialen, historischen, ökonomischen und politischen Zusammenhängen stehen und sich diese Unterschiede sehr auf unser Leben auswirken."[25] Das bedeutet aber nicht, dass die Unterschiede größer sind als das darunterliegende Gemeinsame. Um dieses Gemeinsame nicht aus dem Blick zu verlieren, könnten wir uns, anstatt uns voneinander abzugrenzen, gegenseitig Geschichten erzählen, uns in die Erlebnisse und Geschichten anderer vertiefen: Wir würden darin einen Teil der Fragen unseres eigenen Lebens wiederfinden.

**Das Verwirklichen der eigenen Kreativität kann uns helfen, einander näherzukommen und unser Selbstbewusstsein zu stärken.**

Wie sich unsere Mutter im Sisi-Schicksal zum Teil wiedererkennen konnte, hat auch jede andere Geschichte eines Grenzgängers oder einer Grenzgängerin das Potenzial, andere zu berühren und sie dadurch zu ermutigen. Das ist die einfachste Art, einander zu berühren, das Leben sinnvoller und schöner zu gestalten und so die Zeit zu veredeln. Solange wir einander Geschichten erzählen und dabei bemüht sind, zu verstehen, was uns jemand erzählt, so lange bewahren wir uns gegenseitig davor, einander zu belehren. Menachem Mendel von Kozk erzählt, dass er deshalb Rabbi geworden sei, weil es in seiner Heimat einen alten Mann gegeben habe, der Geschichten erzählte: „Er hat erzählt, was er wusste, und ich habe gehört, was ich brauchte."[26] Wer so erzählt, vorausgesetzt, es ist spannend genug erzählt, macht neugierig, lädt ein und bietet allen, die zuhören, die Möglichkeit, dazuzugehören.

Im Jahr 1988 lernte ich den Bühnenbildner und Künstler Matthias Kralj kennen. Im Rahmen einer auf der Straßburg im Kärntner Gurktal von mir mitkuratierten Ausstellung arbeitete Kralj gemeinsam mit Kindern an einem „Kinderhimmel" in einem der Räume des Schlosses. Dabei erzählte er mir auch von seinem Bühnenbild für Peter Turrinis Sozialdrama „Die Minderleister", das am 1. Juni dieses Jahres im Wiener Akademietheater Premiere hatte. Im selben Jahr hatte Erwin Ringel in seiner Schrift „Die Kärntner Seele" Peter Turrini als den „Sozialkritiker unter den Kärntner Autoren" bezeichnet und war damit einer der ersten, der in „Rozznjogd" (1971) und „Sauschlachten" (1972) die Scheinheiligkeit und Grausamkeit des österreichischen Alltags erkannte und die Präzision lobte, mit der Turrini sie beschrieb.

Das alles weckte mich auf, machte mich hellhörig und neugierig. Im Blick zurück erscheinen mir diese Monate im Jahr 1988 als die entscheidende Wegkreuzung meines Lebens. Alles, was sich in den Jahren danach in meinem Leben veränderte, hatte in dieser Zeit still begonnen. Berichte in Zeitungen, Rundfunk und Fernsehen, das gemischte Konzert von Befürwortern und Gegnern des Stücks „Die Minderleister" verfolgte ich wie früher als Gymnasiast die Sportsendungen unter besonderer Berücksichtigung der Ergebnisse „meines" WSC, des Wiener Sport Clubs in Dornbach mit dem ältesten heute noch bespielten Fußballplatz in Österreich.

In einem Radio-Interview vom 24. Juni 1988 wurde Peter Turrini zur öffentlichen Empörung befragt, die er mit seinem Theaterstück ausgelöst hatte. Er könne sich das, so

Turrini, nur dadurch erklären, dass in einer Maskengesellschaft die „reaktionären Dunkelmänner und Schwarzköpfe dieses Landes" glaubten, das Sagen zu haben, obwohl ihnen längst die Argumente ausgegangen seien; dadurch würden sie „die Düsternis ihres Denkens öffentlich" machen, das Theater als ihren persönlichen Besitz betrachten und so den verlogenen Mythos betreiben, das Theater zu loben, von ihm aber in keiner Weise gestört werden zu wollen. Seit diesem Interview wusste ich mich, ohne in der Sache mitreden zu können, von Turrini verstanden, mit ihm verbunden, spürte in mir einen wohltuend heiligen Zorn, den zu benennen mir bisher nie eingefallen wäre. Und wie Turrini in der leidenschaftlichen Diskussion das Theater als „Ort des Parfums und der Langeweile" beschrieb, bot er mir dadurch Worte, mit denen ich kirchliche Atmosphären zu beschreiben begann. Auch dort gab es für mich „Parfum und Langeweile" zu beklagen, und vor allem das Wegschauen. Wie in der Industrie und in der Wirtschaft der Markt das Verhalten der Menschen diktiert, regelt im kirchlichen Bereich der Blick auf den Willen Gottes und seiner Stellvertreter das Leben des sogenannten Gottesvolkes. Ich fühlte mich mit Turrini in gewisser Weise „wahlverwandt" und bat Matthias Kralj, Peter Turrini zu einer Lesung von „Die Minderleister" ins Bildungshaus St. Georgen am Längsee einzuladen. Er kam, las und blieb. Bis in die frühen Morgenstunden. Einer der Jugendlichen, der damals bis zum Schluss engagiert mitdiskutierte, meinte zum Abschied: „Ich bin sehr froh, dass ich ab heute nicht mehr auf das angewiesen bin, was über Peter Turrini in der Zeitung steht!"

In diesen Monaten ahnte ich bereits die Krise als Chance, es sollte aber noch etwas dauern, bis ich den Mut aufbrachte, die Chance der Krise als mein ganz persönliches „Zeitveredelungsprogramm" umzusetzen. Heute, im Blick zurück, weiß ich, dass ich die stillen Anfänge (m)einer neuen Lebensperspektive dieser Zeit verdanke. Die unerschrockene Geradlinigkeit, mit der Turrini Menschen zuhörte, in beherzter Rede und Gegenrede freundlich blieb, seine Gesprächspartner nie aus seiner sich selbst auferlegten Verpflichtung zur Nächstenliebe entließ (was im Grunde bis heute für alle Figuren in seinen Theaterstücken gilt) und wie er manchmal seinen unüberhörbar heiligen Zorn so fein in Worte zu gießen wusste, dass sich dadurch (nach meinem Dafürhalten) niemand hätte vor den Kopf gestoßen fühlen müssen, das alles faszinierte mich. Einem Anrufer, der, wie er sagte, seit sechzig Jahren ins Burgtheater gehe, und der sich darüber beschwerte, dass dem Publikum jetzt nur mehr einseitige moderne Stücke zugemutet würden, während früher Stücke der Weltliteratur gespielt worden seien, antwortete Turrini: „Vielleicht kann sich dieser Anrufer überlegen, ob die Kunst oder die Stücke, die er heute so lobt, weil sie Vergangenheit sind, nicht damals, als sie nicht Vergangenheit waren, auch vielleicht ein Ärgernis waren. Aufregendes Gegenwartstheater ist bis zu einem gewissen Grad immer ein Ärgernis. Und kaum sind die Stücke alt und die Autoren möglichst tot, dann werden aus diesen Ärgernissen die großen Erlebnisse des vergangenen Theaters."[27]

Das alles hatte mich damals nicht nur beeindruckt, sondern auch beschämt. Wie feig ich mir plötzlich vorkam mit meinem Berg an überfälligen Fragen, von denen ich überzeugt war, niemandem etwas davon sagen zu können. Plötzlich aber hatte ich dann doch den Mut, den Mund aufzutun, die Angelegenheiten meines Lebens endlich selbst in die Hand zu nehmen und von niemand anderem mehr zu erwarten, dass er sie für mich regle. Plötzlich fühlte ich mich in meinem kirchlichen Umfeld zum

Störenfried berufen, der aufhören sollte, nur um Einverständnis bemüht zu sein. Aber wie ich damit nun umzugehen hätte, wusste ich damals freilich noch nicht.

**Plötzlich hatte ich dann doch den Mut, den Mund aufzutun, die Angelegenheiten meines Lebens selbst in die Hand zu nehmen und von niemand anderem mehr zu erwarten, dass er sie für mich regle.**

Zwei Jahre später, im November 1990, war ich im Wiener Burgtheater zur Premiere von Turrinis Theaterstück „Tod und Teufel. Eine Kolportage" eingeladen. In der *Kärntner Kirchenzeitung* vom 18. November 1990, auf Seite 19, erschien dann (m)eine Besprechung des Stücks unter dem Titel „Peter Turrini: Provokation zum Dialog". Noch heute bin ich stolz darauf, damit den damals einzigen positiv-wertschätzenden Kommentar zum Stück in einem kirchlichen Printmedium geschrieben zu haben.

In der Kolportage „Tod und Teufel" habe ich mich erkannt, herausgefordert, durchschaut, um nicht zu sagen ertappt, gefühlt. Die Wallfahrt des dreiundvierzigjährigen, zölibatär lebenden Pfarrers einer Kleinstadt zur Sünde machte auch mir Appetit auf eine bisher, wenn schon nicht unbekannte, so doch weitgehend mir selbst nicht eingestandene Sehnsucht nach erlebter Sexualität, auf die ich als zölibatärer Priester feierlich und vollmundig versprochen hatte, verzichten zu können.

In der fünften Szene des Stücks ist Pfarrer Christian Bley auf seiner Suche nach der Sünde bei Magda Schneider gelandet; die beiden schlafen miteinander, sie ist einundsechzig, Alkoholikerin und ehemalige Kassiererin in einem Supermarkt, hat dreizehn Jahre lang mit keinem Mann mehr das Bett geteilt und der Pfarrer überhaupt noch nie mit einer Frau geschlafen. Magda fragt ihn: „Wie fühlst du dich da drinnen?“ Bley antwortet von innen: „Schön warm, aber ein bisschen einsam.“ Und Magda darauf: „Einsam ist man immer. Aber zu zweit ist man ein bisschen weniger einsam.“[28] Allein für diesen Satz hatte sich für mich der lange Weg von Kärnten ins Burgtheater gelohnt. Plötzlich fühlte ich mich in einer vorher so noch nie erlebten Art von Selbstermächtigung dazu berechtigt, auch denen, die nichts davon hören wollten, von meiner Sehnsucht zu berichten, „zu zweit ein bisschen weniger einsam“ sein zu wollen. Jahre später habe ich meiner Frau diesen kleinen Text gewidmet:

*einschlafen*

*ich kuschle*
*mich an dich*
*und alles ist gut*

Dem Stück waren wie bei den „Minderleistern“ mehrere Skandale vorausgegangen. Schon Turrinis „Welturlesung“ des Theaterstücks am 20. Mai 1990 im Bildungshaus St. Georgen am Längsee hatte heftige Reaktionen und mediales Kopfschütteln – auch mir gegenüber als Veranstalter – zur Folge. Der damals berühmt-berüchtigte Pornojäger Martin Humer[29] hatte versucht, die Probenarbeiten polizeilich verbieten zu lassen. Auch im Ensemble des Burgtheaters wuchs der Widerstand; mit Ausnahme von Rudolf Buczolich verweigerten zunächst auch die Burgschauspieler ihre Mitarbeit. Bei der Premiere saß ich dann in einer Loge neben dem damaligen ORF-Generalintendanten Gerd Bacher, der zu Beginn der Pause das Theater verließ und zu mir sagte: „Wie können Sie in diesem Stück bleiben, Sie sind doch ein katholischer Priester!?" Ich weiß nicht, ob Bacher meine stolze Antwort „Ich bin anschließend zur Premierenfeier eingeladen" noch gehört hat.

Bei meinem zweiten Besuch von „Tod und Teufel" im Wiener Burgtheater begleiteten mich Elsa Turrini und meine Mutter. Nach der Vorstellung trafen wir uns in Turrinis Wohnung im zweiten Bezirk und besprachen das soeben Erlebte lange und gründlich. Und während Turrini uns Spaghetti al dente servierte, meinte seine Mutter zu ihm: „Peter, wenn du solche Stücke schreibst, getraue ich mich in Maria Saal nicht mehr einkaufen zu gehen." Turrini antwortete ihr: „Mama, du wirst doch nicht glauben, dass die, die in Maria Saal einkaufen gehen, meine Theaterstücke lesen?" Darauf seine Mutter: „Aber es genügt, dass sie vor dem Einkaufen die Zeitung lesen und erfahren, was du schreibst." Dann meldete sich meine Mutter zu Wort: „Peter, ich habe mir heute oft gedacht, was du da schreibst, stimmt. Aber muss es so ordinär sein?" Daraufhin haben wir bis weit nach Mitternacht darüber gesprochen, wie in unserer Gesellschaft auf das, was ist, so reagiert wird, als wäre das, was wir tagtäglich zu sehen bekommen, lediglich der schlechten Fantasie von Nestbeschmutzern entsprungen. Hätte ich damals bereits ein Handy mit den Möglichkeiten von heute besessen, hätte ich es mit eingeschaltetem Mikrofon auf den Tisch gelegt und wäre jetzt im Besitz eines wertvollen Tondokuments „über den Begriff des Ordinären in der österreichischen Gegenwartsliteratur".

Ich war neun Jahre lang Seelsorger in drei kleinen Landgemeinden im Kärntner Görtschitztal. An einem Freitagabend klingelte das Telefon. Claus Peymann, der Direktor des „Berliner Ensembles" und vormalige Direktor des Wiener Burgtheaters, erkundigte sich nach den „Beginnzeiten meiner Vorstellungen" und kündigte für den kommenden Sonntag seine Teilnahme am Gottesdienst in der Pfarrkirche in Klein St. Paul an. Um einem Theatermann zu zeigen, was ein Pfarrer kann, bereitete ich mich viel zu gründlich, als hätte ich nur für ihn allein zu predigen, auf meine Kanzelrede vor. Peymann kam dann tatsächlich nach dem Gottesdienst in die Sakristei und bedankte sich mit einem Satz, der bis heute in mir nachklingt: „Was ich hier erlebt habe, kriege ich als Theaterdirektor auf keine Bühne!" Beim gemeinsamen Mittagessen erklärte er mir dann, ausgehend von Aischylos, Sophokles und Euripides, den ältesten großen Dichtern der griechischen Tragödie, bis hin zu den Streitfragen des modernen Regietheaters, worauf sich sein Lob nach der „Vorstellung" bezogen hatte. Nicht meine Predigt hatte ihn beeindruckt, auch nicht der an diesem Tag besonders eifrig vorgetragene liturgische Gesang, nicht der beim Gottesdienst reichlich verwendete Weihrauch, auch das festliche Geläute der Kirchenglocken nicht; Peymanns ganze Aufmerksamkeit hatte dem Moment der Wandlung gegolten, jenem stillen Augenblick, in dem der Pfarrer eine kleine Scheibe ungesäuerten Brotes über dem Altar erhebt; dieser Wimpernschlag völliger Stille hatte den Theaterprofi berührt.

**Wandlung vollzieht sich dort, wo jemand ergriffen wird, ohne begreifen zu müssen, warum ihm das, was da geschieht, „unter die Haut" geht.**

Das liegt jetzt schon fünfundzwanzig Jahre zurück. Nie zuvor war mir deutlicher bewusst geworden, dass „Wandlung“ mehr sein muss als „Hokuspokus“, diese Verballhornung der lateinischen Worte „hoc est corpus meum“, die der Priester über das Brot spricht, mehr als ein Zauberspruch, den keiner versteht. Wandlung vollzieht sich erst dort, wo jemand ergriffen wird, ohne dabei begreifen zu müssen, warum ihm das, was da geschieht, „unter die Haut“ geht. Wandlung als Verwandlung ereignet sich im Theater, in der Kirche, bei Festen; wo immer sie geschieht, müssen/wollen Menschen nachher davon erzählen. „Sehr schön, aber leider nicht von mir“, soll Johannes Brahms einmal im Blick auf die Partitur eines Kollegen bewundernd ausgerufen haben. Dieser Moment des Staunens ist die schönste Form menschlicher Grenzerfahrung, weil den Staunenden dabei auch ein Hauch von Ahnung vermittelt wird, was mit Transzendenz gemeint sein könnte. Nie steht ein Mensch weniger in der Versuchung, sich mit Gott zu verwechseln, als in solchen Momenten. Kein Wunder, dass Tyrannen und andere Menschenfeinde nicht staunen können; ihre Welt, in der Verzauberung nicht stattfindet oder höchstens Verblendung bedeutet, kennt keine Höhepunkte, außer die absurde Sorge des Diktators, von möglichst allen angehimmelt, bewundert und bestaunt zu werden.

Seit jener Begegnung mit Claus Peymann weiß ich und verstehe besser, dass in einer Welt ohne den Zauber der Wandlung keine „Veredelung der Zeit“ stattfinden kann, keine Verzauberung der Welt, kein Berührt-Werden und kein Angerührt-Sein, kein Erleben, in dem ich so da sein kann, dass ich davon „ganz weg“ bin.

**Eine Welt ohne Wandlung bleibt ohne Zauber, ohne Höhepunkt.**

Eine Welt ohne Wandlung bleibt ohne Zauber, ohne Höhepunkt; ihr Protagonist heißt Sisyphus, verurteilt zur absurden Langeweile aussichtsloser Wiederholungen.[30] Verelendung statt Veredelung.

## Ein väterlicher Freund

„Wer sich die Fähigkeit erhält, Schönheit zu sehen, wird nie alt." Mit diesem Satz von Franz Kafka wirbt die Propsteikirche St. Gerold im Großen Walsertal im Internet um Gäste. „Das Kloster", wie die Einheimischen sagen, ist seit Jahrzehnten vor allem ein Ort der Gastfreundschaft, eine Oase der Begegnung, ein spirituelles Zentrum, ein Kraftplatz für Leib und Seele. Die Fresken des Schweizer Künstlers Ferdinand Gehr[31] in der Propsteikirche, der Duft von Bienenwachs und die mit allen Sinnen greifbare Stille hatten mich bei meinem ersten Besuch dort verzaubert. Monate später erst ist mir aufgefallen, dass ich seither beim Betreten von Kirchen immer darauf achte, wie sie riechen. Kein Sinneseindruck gelangt schneller in das menschliche Gehirn als der Geruch. Die Nase als verlässlicher Kommunikator ist nicht nur ein chemisches Frühwarnsystem vor dem Genuss verdorbener Speisen. Auch Sexualität wird in entscheidender Weise über den Geruchssinn gesteuert. Und wie man von jemandem sagt, dass man ihn „nicht riechen" oder „gut riechen" könne, nehmen wir bewusst oder unbewusst auch die Räume unseres täglichen Lebens zuallererst über den Geruchssinn wahr und entscheiden dann instinktiv, ob wir uns darin wohlfühlen oder nicht. Darum schätzen Menschen aus anderen Konfessionen an katholischen und orthodoxen Kirchen besonders die in der Liturgie vermittelte Sinnlichkeit: Prachtvoll gestaltete Räume als

Augenweide, Gesänge und Orgelklänge als Ohrenschmaus und nicht zuletzt der Duft von Bienenwachs und Weihrauch als Geruchserlebnis entscheiden über die Liturgie als Gesamtkunstwerk und darüber, ob die dabei gebotene „Show“ den Menschen unter die Haut geht oder sie eben nicht zu berühren vermag.

Nach meinem ersten Besuch in St. Gerold erzählte ich begeistert davon in einem meiner Bücher, und eine Frau aus Mauterndorf machte sich nach der Lektüre mit ihrem Mann auf den Weg dorthin, um nicht nur mit eigenen Augen, sondern auch mit eigener Nase meine Erfahrungen zu überprüfen. Zu ihrem Glück traf sie dort auch noch auf die Seele dieses Ortes, Pater Nathanael Wirth[32], der seit über fünfzig Jahren die Propstei St. Gerold als Ort der Sinnsuche und des Verweilens geprägt und sie weit über Europa hinaus berühmt gemacht hat. Zu seinem achtzigsten Geburtstag am 1. November 2010 machten wir uns mit einer Gruppe von Musikern aus Kärnten auf, um ihn zu überraschen und den Gottesdienst in der Propsteikirche mitzugestalten. Pater Nathanael bat mich spontan um die Predigt und begrüßte meine heutige Frau (damals von mir noch halb versteckt, sie selbst noch halb verschreckt an meiner Seite) im Gottesdienst vor allen anderen als „meine Frau Jutta“. Der Nachfolger von Pater Nathanael berichtete daraufhin im Pfarrblatt der Propstei tatsächlich davon, dass „der mit Pater Nathanael seit Jahren befreundete evangelische Pfarrer Arnold Mettnitzer“ die Predigt gehalten habe. Dass ein katholischer Pfarrer im schlampigen Verhältnis mit einer Frau lebt, sie zum Geburtstag seines väterlichen Priesterfreundes mitbringt und dann auch noch auf Wunsch des Geburtstagskindes die Festpredigt hält, hatte die Vorstellungskraft des jungen Benediktinermönchs überfordert.

Nach dem gemeinsamen Mittagessen, bei einem Spaziergang zu zweit im Klostergarten, hielt mir dann der Jubilar, freundlich im Ton, aber klar in der Sache, seine Predigt: „Wie lange noch glaubst du, deine Jutta, die dich, wie ich sehe, über alles liebt, hinhalten zu können? Schämst du dich nicht, diese Liebe einfach so anzunehmen, als hättest du ein Recht darauf? Ich bitte dich nur darum: Spiele mit dieser Frau nicht das Spiel vieler Pfarrer, die sich einfach nehmen, was sie geboten bekommen, ohne ihrerseits etwas geben zu wollen, weil sie sich zu etwas Höherem berufen fühlen!" Ich weiß nicht mehr, was ich ihm darauf geantwortet habe. Ich weiß nur, wie sehr er sich mit uns gefreut hat, als wir ihm vier Jahre später das Datum unserer Hochzeit mitgeteilt haben. Und ich weiß auch, wie sehr mich die Nachricht von seinem Tod sechs Jahre später, am 19. November 2020, meinem achtundsechzigsten Geburtstag, getroffen hat und ich damals unter dem Vorwand, allein spazieren gehen zu wollen, eine Gelegenheit gesucht habe, aus ganzem Herzen sein Sterben beweinen zu können.

## Die Kostbarkeit von Begegnungen

Der an der Medizinischen Universität Wien lehrende Genetiker Markus Hengstschläger[33] unterscheidet in seinen Vorträgen drei Menschentypen: die „blauäugigen Optimisten", die davon überzeugt sind, dass trotz aller Weltuntergangsszenarien zum Schluss alles gut ausgehen wird, sie dazu also persönlich keinen Finger rühren müssen; die „griesgrämigen Pessimisten", die immer schon davon überzeugt waren, dass es fünf nach zwölf und deshalb ohnehin zwecklos sei, für ein sinkendes Schiff ihre Kräfte zu verschwenden; und die „glücklichen Possibilisten", die davon überzeugt sind, dass auch durch sie diese Welt schöner, einladender und besser werden kann, auch sie zur Lösung der Probleme ihren unverwechselbaren Beitrag leisten können.

Viele Menschen in meinem Leben sind und waren für mich solche „glücklichen Possibilisten“, sind zu Ermutigerinnen und Ermöglichern geworden, haben mir gezeigt, wie Leben gelingt, wie es gemacht werden kann und wie es anders gemacht werden muss, damit es gelingen kann. Das Schönste aber, das mir dabei klar geworden ist: Den Erfahrungsschatz meines Lebens verdanke ich der Zeit, in der sich unerwartete Begegnungen ereignet haben. Mit geschenkter Zeit vermag ein Mensch wie durch nichts sonst zu zeigen, was ihm ein anderer Mensch bedeutet. Es ist die Kostbarkeit der investierten Zeit, die ein Fest zum Fest macht oder den Schwelbrand einer langen Unstimmigkeit zu löschen imstande ist. Dabei durfte ich immer wieder erleben, dass in den Zumutungen gegenseitig geschenkten Vertrauens vermeintlich „blauäugige Optimisten“ oder „griesgrämige Pessimisten“ damit begonnen haben, sich nach und nach in „glückliche Possibilisten“ zu verwandeln.

**Mit geschenkter Zeit vermag ein Mensch wie durch nichts sonst zu zeigen, was ihm ein anderer Mensch bedeutet.**

Wir sind gut beraten,
darauf gefasst zu sein,
dass uns bis zum
letzten Atemzug
Schönes geschenkt
und Schmerzliches
zugemutet wird.

# Altern als Chance



Wenn ein Mensch in Pension geht, sich zurückzieht, seine Verantwortung in jüngere Hände legt, sollte dieser Rückzug, um an Leib und Seele auch in diesem Alter gesund zu bleiben, nicht bedeuten, damit aufzuhören, sich für die großen Fragen des Lebens und der Welt zu interessieren. Der Schritt in den Ruhestand ist für viele Menschen ein Schritt in eine größere Freiheit und in damit verbundene, ungeahnte, bisher nicht umsetzbare Möglichkeiten. Allzu oft aber müssen Menschen dabei auch schmerzlich erfahren, dass die Höhe ihrer Pension, um die sie sich in ihrer Vorsorge gekümmert haben, für ein sorgenfreies Älterwerden nicht ausreicht. Vor Jahrzehnten hatte eine österreichische Bank mit dem Slogan geworben: „Geld macht glücklich, wenn man rechtzeitig schaut, dass man's hat, wenn man's braucht." Dagegen ist auch heute nichts einzuwenden, es sei denn, es handelt sich dabei um die einzige Art der Sorge im Blick auf ein gelungenes Leben im Alter.

Immer wieder darf ich Menschen ein Stück ihres Weges begleiten, die nach ihrer Pensionierung in ein tiefes Loch fallen und mühsam lernen müssen, neben finanzieller Sicherheit auch für einen erfüllenden, sinnvollen Alltag zu sorgen. Sosehr sie in den ersten Monaten nach ihrer Pensionierung aufgeatmet haben mögen, so schnell mussten sie erkennen, dass sie weiterhin zumindest ein ähnliches Maß an „gewöhnlichem Elend"[34] brauchen, das sie auch im Beruf schon immer wieder am Abend zwar müde, aber stolz auf ihre Leistung zufrieden hat einschlafen lassen.

Wie damals im Beruf, brauchen Menschen auch in der Zeit ihrer Pension einen liebevoll und genüsslich strukturierten

Alltag, Kreativität und Fantasie, Dinge, von denen Albert Einstein überzeugt war, dass sie wichtiger sind als all unser Wissen, weil Wissen und Können immer begrenzt bleiben, während Fantasie uns unbegrenzt bis zum Sterbebett zur Verfügung steht. In diesem Sinn nennt Michael Lehofer das Alter „eine Illusion“[35] und ist überzeugt davon, dass wir uns von den Grenzen im Kopf befreien können. Weil das Leben als spannender Reifungsprozess in keinem Alter jemals abgeschlossen ist, bleibt es einem Menschen bis zum letzten Atemzug möglich, sich uneingeschränkt der Fülle des Lebens zuzuwenden.

In seinem Buch „Das Alter wagen“[36] geht Erwin Ringel von fünf Grundeinstellungen aus, die für die psychische Haltung des alten Menschen charakteristisch sind, weist dabei aber darauf hin, dass es ein grober Fehler wäre, anzunehmen, dass alte Menschen immer und zwangsläufig so zu sein hätten: (1) Alte Menschen seien starr, verlören an Mobilität, würden festgefahrener und einseitiger und weichten von dem, was sie denken, nicht mehr so leicht ab; (2) es trete eine Reduktion der körperlichen wie seelischen Elastizität ein, eine gewisse Verlangsamung aller Leistungen; (3) es falle ihnen ausgesprochen schwer, neue Beziehungen zu knüpfen; (4) es stelle sich eine Tendenz zur Regression ein, was alte Menschen oft kindisch erscheinen lasse, sie wendeten sich, Säuglingen ähnlich, besonders der Beschäftigung mit ihrem eigenen Körper zu; (5) sie würden sich von der Zukunft abwenden, weil diese für sie nur Abstieg und Tod bedeuteten, mit den gleichen Argumenten würden sie sich auch der Gegenwart verweigern, weil sie

**Menschen brauchen auch in der Zeit ihrer Pension einen liebevoll und genüsslich strukturierten Alltag, Kreativität und Fantasie.**

den Tod durch Krankheit, Unsicherheit und die Angst, von der Jugend verdrängt zu werden, täglich vor Augen hätten. Stattdessen, um hier von einem weiteren Vorurteil zu reden, würden alte Menschen ihren Blick immer mehr in die Vergangenheit richten, in eine Zeit, in der sie noch ganz „auf der Höhe der Zeit" waren. So sei es nicht verwunderlich, dass ihnen diese Vergangenheit als „gute, alte Zeit" in einem rosigen Licht erscheine. Diese Rückwendung zur Vergangenheit ist neben den psychologischen Ursachen auch physiologisch bedingt, weil das Gedächtnis, besonders das Frischgedächtnis, nachlässt, während das Altgedächtnis noch erstaunlich gut funktioniert. 

Bei diesen fünf Punkten handelt es sich um mögliche und häufige, aber durchaus nicht unvermeidliche Reaktionen der Persönlichkeit auf die Tatsache des Alterns. Das Wesen des Alterns mag zu diesen Haltungen verleiten bzw. sie nahelegen, aber der Mensch kann sie überwinden, er kann durch die Auseinandersetzung mit diesen fünf Punkten genau das Gegenteil erreichen und damit dem Alter positive Seiten abgewinnen.

Nach Gerald Hüther[37], einem der gefragtesten Gehirnforscher im deutschsprachigen Raum, ist es auch einem Achtzigjährigen noch möglich, die chinesische Sprache zu erlernen; nicht in irgendeiner Volkshochschule irgendwo in Mitteleuropa, sondern in einem kleinen Dorf in China, der Heimat einer Chinesin, in die er sich Hals über Kopf verliebt hat und mit der er dorthin gezogen ist. Wer meint, dass solche Fälle höchst unwahrscheinlich sind, weiß noch nicht genug davon, dass uns das Leben täglich höchst Unwahrscheinliches zumutet und zutraut. Glückliche Menschen erzählen davon und berichten dann darüber, dass sie im Traum nicht daran gedacht hätten, dass das, wovon sie jetzt berichten, tatsächlich hätte möglich werden können. Voraussetzung dafür ist „lediglich“, dass wir das, was wir tun, mit der Glut unseres Herzens tun; alles, wofür wir uns begeistern können, wird uns bis ins hohe Alter gelingen. Wir kommen dorthin, wohin wir schauen, und was wir anschauen, dahinein werden wir auch verwandelt.

## Voll Neugier und Tatendrang bis ins hohe Alter

Trotz des Vorurteils, dass alte Menschen mit Vorliebe an alten, konservativen und fundamentalistischen Ideen festhalten, lasse ich mich immer wieder und sehr gerne vom Gegenteil überzeugen. Dazu kommt der große Erfahrungsschatz alter Menschen, der ihnen nicht nur eine starke Bindung an die Tradition, sondern auch einen besseren Überblick und engagiert-heitere Gelassenheit ermöglicht. Aber was hätten all diese Vorzüge für einen Sinn, wenn sie nicht benützt würden für eine echte, unvoreingenommene Auseinandersetzung auch mit dem Neuen? So erzählte mir im Jänner 2024 in der Sendung „Lebenswege“[38] eine Frau, wie unglaublich schön es für sie gewesen sei, sich mit neunundsiebzig Jahren noch einmal so richtig zu verlieben, und wie schmerzlich, kurze Zeit später miterleben zu müssen, wie ihr Partner sich von ihr trennte, weil er sich in der Zwischenzeit in eine andere Frau verliebt hatte. Als Menschen sind wir gut beraten, darauf gefasst zu sein, dass uns bis zum letzten Atemzug Schönes geschenkt und Schmerzliches zugemutet wird. Auch alte Menschen sind und bleiben in der Lage, Neues aufzunehmen und dadurch nicht

**Alles, wofür wir uns begeistern können, wird uns bis ins hohe Alter gelingen. Wir kommen dorthin, wohin wir schauen.**

nur ihre Lebensqualität zu erhalten, sondern damit auch ihre Umgebung in Erstaunen zu versetzen.

So kann ich auch jenen Telefonanruf an einem Sonntagabend im Jahr 2002 nicht vergessen: Gerade hatte ich mit Markus, einem begnadeten Stimmenimitator, eine Überraschungsnummer für den siebzigsten Geburtstag seines Vaters geprobt und mich von ihm verabschiedet. Da läutete das Telefon und am anderen Ende der Leitung sagte jemand: „Hier ist Kardinal König!“ Ich lachte und sagte: „Markus, mein Kompliment! Das klingt, als wär's tatsächlich der Kardinal!“ Darauf erhielt ich zur Antwort: „Ich freu mich, dass Sie so fröhlich sind!“ Es war tatsächlich Kardinal König, der mich mit seinen siebenundneunzig Jahren anrief, um mit mir über Fragen der Seelsorge in der Großstadt zu diskutieren. Und als ich ihm wenige Wochen später in der Südsteiermark wieder begegnete, war seine erste Bitte, ihm nochmals zu erzählen, was mich damals bei unserem Telefonat so fröhlich gestimmt habe.

Noch einmal ein wenig später fand eine Geburtstagsfeier seines ehemaligen Diözesanpriesters, des Psychotherapeuten Richard Picker, statt, bei der er nicht anwesend war. Alle dachten, der – sehr verständliche – Grund seiner Abwesenheit sei sein hohes Alter, bis ihnen Erhard Busek erklärte, Kardinal König, wie eh und je voll aktiv, weile zu einem Vortrag in den Vereinigten Staaten.

Auch ein andermal hatte ich die Gelegenheit, die Kraft eines hochbetagten Menschen zu erleben: Margarete Mitscherlich. Sie war Ärztin, Autorin zahlreicher Bücher, eine der bedeutendsten Psychoanalytikerinnen Deutschlands, die gemeinsam mit ihrem Mann das Sigmund-Freud-Institut in Frankfurt gründete. Ihr gemeinsam verfasstes Buch „Die

Unfähigkeit zu trauern“ erregte weltweit Aufmerksamkeit. Am 19. April 2005 wurde ihr von den „Wiener Vorlesungen“ der Stadt Wien der Erwin Chargaff Preis[39] verliehen. Am Abend davor hatte ich die Ehre, sie im Rahmen eines kleinen Abendessens in der „Frommen Helene“ in der Wiener Josefstadt persönlich kennenzulernen. Die Grande Dame der Psychoanalyse saß mit uns am Tisch, wir erzählten von unserer Arbeit, sie von ihrer. Der Kinderpsychiater Prof. Max Friedrich, der die Runde zusammengerufen hatte, gab uns gegen 22 Uhr zu verstehen, dass es aus Rücksicht auf unseren fast achtundachtzig Jahre alten Gast wohl an der Zeit sei, unser Abendessen zu beenden. Beeindruckt von der Frische und Lebendigkeit dieser großartigen Frau verabschiedeten wir uns von ihr. Zu Hause in der Kochgasse, nicht weit entfernt vom Restaurant, erledigte ich noch Schreibarbeiten und schaltete um Mitternacht den Fernseher ein. Zu Gast bei Eva Pfisterer in der ZiB 3 saß: Margarete Mitscherlich. Ich notierte mir jedes ihrer dort gesprochenen Worte. Sie erzählte von ihrem Leben, ihren Büchern und vom Tod. Abschließend wurde sie gefragt: „Was sind die nächsten Pläne, Frau Professor?“ Sie lachte und antwortete: „Ich bin siebenundachtzig! Der nächste Plan ist zu sterben.“ Darauf Eva Pfisterer: „Und wie ist dieser Gedanke? Wie sind für Sie Gedanken an den Tod?“ Mitscherlich: „Mit siebenundachtzig sind sie ziemlich in der Nähe. Ich habe auch nichts dagegen. Ich meine, Sterben ist etwas … Noch nie ist einer vom Tod zurückgekommen. Sie sterben und niemand kann Ihnen sagen, was das ist. Niemand! Es hat immer etwas Unheimliches, etwas ganz und gar Unbekanntes. Wer tröstet mich da und hält meine Hand?“ Später, im Jahr 2012, mit über neunzig Jahren, schrieb sie darüber noch ihr Buch „Die Radikalität des Alters“ und 2013 bis unmittelbar vor ihrem Tod das Buch „Eine Liebe zu sich selbst, die glücklich macht“.

2010 erschien die deutsche Erstausgabe eines Buches mit dem Titel „Der Fingerabdruck Gottes“[40]. Die beiden Neurowissenschaftler Andrew Newberg und Mark Robert Waldman gehen darin der Frage nach, wie religiöse und spirituelle Erfahrungen unser Gehirn verändern. Aufgrund ihrer Forschungsergebnisse bieten sie ihren Leserinnen und Lesern auch Hilfestellungen an, um diese Erkenntnisse praktisch umzusetzen und ihr körperliches und emotionales Wohlbefinden zu steigern. Die folgenden Vorschläge zur Veredelung der Zeit wurden durch dieses Buch angeregt, enthalten aber darüber hinaus auch persönlich Erfahrenes und Erprobtes.

### LÄCHELN UND ANDERE HORIZONT-ERHEITERUNGEN

Lächeln stimmt auch dann heiter, wenn es nichts zum Lachen gibt. Selbst wenn uns überhaupt nicht danach ist, können durch wiederholtes Lächeln Gemütsstörungen unterbrochen und die neuronalen Fähigkeiten des Gehirns zur Aufrechterhaltung einer positiven Lebenseinstellung gestärkt werden. Dazu sagt die in Wien geborene US-amerikanisch-österreichische Psychoanalytikerin Erika Freeman, die mit zwölf Jahren auf der Flucht vor den Nazis allein nach New York reisen musste und in ihrem beeindruckend langen Leben nie das Lachen verlernt zu haben scheint: „Mir geht’s gut, wenn nicht heute, dann morgen.“[41] Heute ist Freeman eine der bekanntesten Psychoanalytikerinnen der Welt, die in Amerika als Therapeutin zahlreicher Stars berühmt wurde und jetzt wieder in ihrer Heimatstadt lebt, zu deren Ehrenbürgerin sie im Frühjahr 2024 ernannt wurde.

Lächeln stimmt auch dann heiter, wenn es nichts zum Lachen gibt.

In seiner Begründung schrieb Wiens Bürgermeister Michael Ludwig: „Ihre persönliche Geschichte wirkte für sie wie eine Initialzündung dafür, sich mit jeder Faser ihres Körpers für eine bessere Welt einzusetzen, um den Hass und das Böse im Menschen zu heilen." In Interviews spricht Erika Freeman gerne von zwei für sie vorherrschenden Menschentypen. Die einen schauen dich von oben herab an und fragen herablassend: „Wer bist denn du (schon)!?" Die anderen begegnen dir auf Augenhöhe, lächeln dich bestätigend an und vermitteln dir: „Was bist du nur für ein wunderbarer Mensch!" Und aus dieser jahrzehntelangen Erfahrung im Umgang mit Menschen sagt sie:[42] „Die größten Menschen sind die bescheidensten. Das sind große Menschen mit großen Seelen." Einem Menschen mit einer „großen Seele" sieht man diese große Seele von Weitem an. In Österreich, so ihr Eindruck, dürfe man in der Öffentlichkeit anscheinend nicht über das reden, was Freude macht. Dabei habe doch schon Eric Kandel[43] herausgefunden, wie sehr erlebte Freude im Kopf chemische Substanzen freisetzt, die uns guttun und klug machen, während Stress dafür sorgt, dass wir, je länger, umso mehr, verblöden. Unter Stress animieren uns chemische Substanzen im Gehirn, die Flucht zu ergreifen und nur mehr mit Davonlaufen beschäftigt zu sein. Erika Freeman zieht daraus den Schluss: „Freude macht glücklich! Stress macht dumm!"

**Das Gute, das einer dem anderen tut, tut beiden Seiten gut. Mehr noch: Es tut auch noch dem gut, der nur dabeisteht und zusieht.**

Durch Eric Kandels Forschungen wissen wir auch, dass das Gute, das einer dem anderen tut, beiden Seiten guttut, für beide Seiten gesund ist. Mehr noch: Es tut dazu auch noch dem gut, der nur dabeisteht und zusieht, wenn einer dem anderen etwas Gutes tut. Schon dieses Zuschauerlebnis allein hat eine positive Wirkung und steigert bei allen daran Beteiligten die Intelligenz. Gutsein ist also auch aus gehirnphysiologischer Sicht gut: gut fürs Gehirn und die dabei aktivierte Intelligenz bei dem, der Gutes tut, bei dem, dem Gutes getan wird, aber auch bei dem, der miterlebt, dass ein Mensch einem anderen Menschen Gutes tut. Fazit: Es lohnt sich in jedem Fall, gut zu sein!

Lächeln belebt die Neuralkreisläufe und fördert in jedem Fall die zwischenmenschlichen Beziehungen. Ein Lächeln hat sogar eine so mächtige Wirkung auf das menschliche Gehirn, dass sich ein Mensch allein beim Anblick eines fotografierten Lächelns automatisch glücklicher und sicherer fühlt. Umgekehrt verursacht das Stirnrunzeln oder auch nur der Anblick einer Person mit griesgrämigem Gesicht automatisch negative Gefühle, Zorn, Wut, Abscheu und Abneigung. Es gibt viele Hinweise darauf, dass ein Mensch durch Lachen den Stresspegel reduzieren, sein Immunsystem stärken und zahlreiche Gene aktivieren kann, die ihm dabei helfen, gesund zu werden und gesund zu bleiben.[44] Lachen ist gesund. Lachen ist Medizin. Lachen steckt an, vorausgesetzt freilich, dass jemand, der lachen kann, gelernt hat und sich darin immer wieder übt, auch über sich selbst zu lachen. Über seiner „Hausthür“ hatte sich Friedrich Nietzsche den Satz gewünscht:[45]

*Ich wohne in meinem eigenen Haus,*
*Hab niemandem nie nichts nachgemacht*
*Und – lachte noch jeden Meister aus,*
*Der nicht sich selber ausgelacht.*

Die Lieblingsmusik, ein guter Text, manchmal ein einziger Satz, ein Aphorismus, ein Gedicht, im richtigen Moment ein Griff zum richtigen Buch, das alles kann dabei behilflich sein, aus momentan bewusst gewordener Erschöpfung, aus einer bedrückenden Stimmung oder belastenden Situation heraus- und in eine wohltuend andere hineinzufinden. Oft genügen mir ein paar Minuten, die mich eintauchen lassen in eine andere Gedankenwelt. Den momentanen Inbegriff von Würze in der Kürze finde ich in zwei Büchern von Georg Breinschmid und Günther „Gunkl" Paal: Der international renommierte Jazzmusiker Breinschmid und Gunkl, der Philosoph unter den Kabarettisten, erfreuen und beflügeln mich mit Wortwitzen und Wortspielen, etwa: „Jemand, der noch nie auf einem Vulkan war: „Persona non krater". „Neuestes Kochrezept: Jüngstes Gericht". „Auch ich bin erschöpft (lat.): I con anima".[46] Die beiden Bücher „Gute Omen ... und 333 noch bessere Wortspiele" sowie „Die Getränke gehen aufs Haus ... und 333 andere steile Wortspiele" sind für mich im Moment im besten Sinn des Wortes Horizont-Erheiterungen und haben zurzeit einen festen Platz in der Hausapotheke für meine Seele.

## SPIELEN UND LACHEN UND TANZEN

Josef Mettnitzer, mein Großvater, war ein spielerischer Mensch. Als erster im Dorf besaß er eine Schreibmaschine, und ich als sein erstes Enkelkind durfte darauf schreiben, damit spielen, sooft ich wollte. Er hatte seine Freude daran, mitzuerleben, wie ich meine in seiner Stube getippten Briefe wie ein Briefträger in der Nachbarschaft verteilte. Als kreativer Tüftler, der viele seiner Erfindungen patentieren ließ, suchte Großvater immer nach Möglichkeiten, sich das Arbeiten in der Landwirtschaft zu erleichtern. Den Höhepunkt seiner von meiner Großmutter immer kritisch kommentierten „Spielereien“ erlebte er in der Entwicklung eines Staubsaugers, der beim Dreschen des Getreides den unangenehmen Feinstaub einsaugen sollte. Beim Versuch, sein Patent in Betrieb zu nehmen, explodierte allerdings seine Erfindung. Kreidebleich soll er zu seiner Frau ins Haus gelaufen sein und gesagt haben: „Thres, Thres, jetzt wär bald was passiert!“ Damit nur ja nichts passiert, lassen sich viele Menschen auf Wagnisse in ihrem Leben gar nicht erst ein und tauschen damit die Freude am Leben gegen die Langeweile vorgegebener Tagesordnungen.

Alfred Kirchmayr, Individualpsychologe und Schüler Erwin Ringels, hat in seinen Therapien, Vorträgen und Publikationen immer wieder unter Berufung auf Friedrich Nietzsche die Reife eines Menschen darin bestätigt gesehen, dass es ihm möglich geworden ist, den Ernst wiederzufinden, den er als Kind beim Spielen hatte. Damit erscheint das Spiel als existenzielles Grundbedürfnis des Menschen; nichts scheint er mehr zu lieben als das Lachen und das Spielen. Und das bedeutet auch, dem Unbegreiflichen und Unsinnigen nicht gleich zu misstrauen, weil es „uns im Spiel“ hält, wie Norbert Trawöger in seinem Buch „Spiel“[47] schreibt und erzählt, wie er einmal von einem Erwachsenen auf offener Straße angesprochen und daran crinnert wurde, dass er, Trawöger, einmal als Zirkusdirektor Kindern empfohlen habe, mehr mit den Erwachsenen zu spielen, denn die Erwachsenen würden dies ganz notwendig brauchen; das habe er sich gemerkt. Und Trawöger freut sich: „Wie das Leben spielt, der Unbekannte hat mich daran erinnert, dass ich ihn damals daran erinnert habe, was mich unablässig bewegt

**Das Spiel ist ein existenzielles Grundbedürfnis des Menschen; nichts scheint er mehr zu lieben als das Lachen und das Spielen.**

und was wir nicht vergessen dürfen: das Spielerische, das Spielen."[48] Deshalb kann ich auch an dem Zitat von Max Reinhardt nicht vorübergehen, das seit Monaten unübersehbar ein paar Hundert Meter von meiner Praxis in der Kochgasse entfernt auf der Fassade des Theaters in der Josefstadt prangt, ohne es mir immer wieder selbst vorzulesen: „Ich glaube an die Unsterblichkeit des Theaters. Es ist der seligste Schlupfwinkel für diejenigen, die ihre Kindheit heimlich in die Tasche gesteckt und sich damit auf und davon gemacht haben, um bis an ihr Lebensende weiterzuspielen."

Das Leben als Spiel zu begreifen ist die schönste Art, ihm gerecht zu werden. Als wir beim achtzigsten Geburtstag eines gemeinsamen Freundes im Jänner 2024 mit Elisabeth und Anton Zeilinger diskutieren konnten, kamen wir auch auf den berühmten Satz von Albert Einstein zu sprechen: „Gott würfelt nicht!" Auf meine Frage an den Physiknobelpreisträger, was Gott denn tue, wenn er nicht würfle, gab er mir zur Antwort: „Er spielt Skat!"

**Lachen kann Verzweiflung in Hoffnung verwandeln, die Realität durch überlegenen Wortwitz entschärfen.**

Der viel gereiste Rabbiner und Kabarettist Walter Rothschild antwortete einmal in einem Interview auf die Frage, warum das so vielfach gepeinigte Volk der Juden eine derartige Hochkultur des Witzes entwickeln konnte, die Juden könnten niemanden ernst nehmen außer Gott, weder einen König noch einen Rabbiner noch einen Papst, denn sie alle seien ganz gewöhnliche Sterbliche. „Wenn einer von ihnen sagt, ich bin so wichtig, kann man nur lachen. Natürlich lacht man dabei aus einer schwachen Position heraus, weil die anderen die Macht haben:

Aber man muss leben mit diesen Leuten, die sich so ernst nehmen – und die beste Selbstverteidigung ist, sie nicht ernst zu nehmen. Der Humor ist die Methode, mit dieser Asymmetrie umzugehen.“[49]

Lachen kann Verzweiflung in Hoffnung verwandeln, eine gesunde Distanz zur Welt schaffen, die Realität durch überlegenen Wortwitz entschärfen. Im Lachen offenbart sich die Kleinkunst des Alltags, es enthüllt, was Ideologien verbergen, es relativiert, was idealisiert wird, und wertet auf, was im herrschenden Bewusstsein abgewertet wird. Die spielerische Leichtigkeit des Lachens kann auch in zunächst aussichtslos scheinenden Situationen das Leben schöner oder zumindest erträglicher machen.

Wie arm wäre das Leben ohne Unterhaltung, ohne Spiel, ohne Narretei. In Peter Turrinis Theaterstück „Aus Liebe“ tritt „Der liebe Gott“ als Narr auf. Im Blick auf die Verrücktheit der Welt, die ihn eigentlich zur Verzweiflung bringen müsste, vernarrt sich der liebe Gott in diese Welt und beginnt zu tanzen. Statt zu verzweifeln oder in Erschöpfungsdepression zu verfallen, lohnt es sich, zu tanzen, sich (wieder) in diese Welt zu vernarren, auch, weil es keine andere gibt, und auch, weil das Tanzen wie jedc andere spielerische Tätigkeit eine neurobiologisch nachweisbar effiziente Therapie gegen jede Art der Verzweiflung ist. Auch Friedrich Nietzsche war davon überzeugt, dass man das Leben tanzen muss:[50]

*Für Tänzer*

*Glattes Eis*
*Ein Paradeis*
*Für den, der gut zu tanzen weiß.*

Das menschliche Gehirn funktioniert nach dem Gesetz „benütze es, oder du verlierst es“. Das, was nicht gebraucht wird, wird abgebaut und zurückgebildet. Geistige und kognitive Stimulation hingegen stärkt die neuronalen Verbindungen des gesamten Frontallappens und verbessert so die Fähigkeit zu kommunizieren, Probleme zu lösen und rationale Entscheidungen zu treffen. Der Frontallappen, auch Stirnlappen oder Stirnhirn genannt, gilt als Zentrum der Persönlichkeit und des sozialen Verhaltens. Nahezu jede altersbedingte kognitive Behinderung ist auf eine mangelnde Funktionsfähigkeit des Frontallappens zurückzuführen. Weil dieser über mehr neuronale Verbindungen verfügt als die anderen Hirnlappen, ist es besonders wichtig, speziell diesen Teil des Gehirns zu trainieren. Gedächtnisübungen und Merkhilfen, Strategiespiele wie Schach sowie andere visuelle und räumliche Übungen und Spiele können die kognitiven Funktionen besonders bei älteren Menschen deutlich verbessern. Mit Freude ausgeführt, mindern solche Spiele auch die menschliche Neigung, auf unerwartete Situationen mit Angst und Ablehnung zu reagieren. Der Arzt und Kabarettist Eckart von Hirschhausen meinte einmal, es gebe Menschen, die an der Stelle ihres Frontallappens einen Jammerlappen hätten. Freude ist ansteckend, aber Klagsamkeit und Jammern sind es auch! Wir können also zu einem großen Teil mitentscheiden, was in unserem Gehirn vor sich geht.

**Das menschliche Gehirn funktioniert nach dem Gesetz „benütze es, oder du verlierst es“.**

Dass auch intensive „Leibesübungen“ alle Gehirnregionen und damit den gesamten Organismus stärken, vergessen

Menschen in der zweiten Hälfte ihres Lebens vermutlich leichter als in ihrer Jugend. Sport wirkt auf alle Menschen positiv, weil mit jedem Schritt auch das Gehirn trainiert wird und es auf allen Ebenen zur Vorsorge animiert. Generell kann gesagt werden: Laufen ist günstiger als Gehen, Gehen besser als Dehnübungen allein. Regelmäßige Bewegung ersetzt viele Medikamente, aber kein Medikament ersetzt die Bewegung. Ein „persönlicher Vertrag mit sich selbst" erspart es einem, sich täglich neu für sportliche Betätigung entscheiden zu müssen: So wie ich nicht mehr darüber nachdenken muss, ob und wann ich mich dusche oder mir die Zähne putze, habe ich vertraglich mit mir selbst vereinbart, jeden Tag sieben Kilometer zu Fuß unterwegs zu sein.

**Sport wirkt auf alle Menschen positiv, weil mit jedem Schritt auch das Gehirn trainiert wird.**

Und wenn ich hier schon persönliche Verträge mit mir selbst verrate, dann auch gerne, dass ich beim Schlafengehen immer darauf achte, mit guten Gedanken einzuschlafen und mir im Blick auf den vergangenen Tag die geglückten Momente und gelungenen Augenblicke noch einmal von innen her zu vergegenwärtigen. Und anstatt mich beim Aufwachen vor einem neuen Tag zu fürchten, versuche ich mir noch im Bett vorzustellen und darauf gespannt zu sein, was ich mir (und anderen) am Abend dieses Tages im Blick zurück werde erzählen können. Weil Gedanken wirkende Mächte sind, entscheidet die Qualität meiner Gedanken auch über die Qualität des im Leben Erlebten.

Eine Wohltat für Leib und Seele sind bewusste Entspannungsübungen: Voraussetzung dafür ist freilich, dass solche Übungen aus einem inneren Bedürfnis entstehen und nicht einem Kommando von außen gehorchen. Was die Möglichkeiten zur Entspannung betrifft, sind der Fantasie kaum Grenzen gesetzt.

Bei einer für mich persönlich hochwirksamen (und vielen Menschen empfohlenen) Entspannungsübung lege ich mich auf den mit einem Badetuch bedeckten Boden (der härtere Boden ist für diesen Zweck besser geeignet als ein bequemes Sofa oder Bett), beobachte meinen Körper, konzentriere mich auf die Atmung, versuche mir vorzustellen, wie die frische Luft bis in die kleinsten Verzweigungen der Bronchien in die beiden Lungenflügel strömt und von dort als verbrauchte Luft wieder zurückfließt und ausgeatmet wird. Beim Ausatmen konzentriere ich mich darauf, dieses Ausatmen hörbar zu machen. Rein physikalisch betrachtet sind sprechen, reden, singen, stöhnen, einen lauten oder leisen Ton von sich geben Vorgänge, in denen unser Atem hörbar gemacht wird. Dadurch teile ich mich anderen mit, teile also im besten Sinn des Wortes mit anderen, was in meinem Inneren vor sich geht. In dieser Entspannungsübung nütze ich diese Kommunikationsfunktion der ausströmenden Luft zur Selbstermutigung, indem ich einfach hörbar ausatme oder aber in einer Art Selbstgespräch hörbar „Ja“ zu mir selbst und zur Situation sage, in der ich mich im Moment persönlich befinde. Diese Übung in völliger Konzentration auf das Atmen mache ich so lange, bis mir mein Körper zeigt, dass er genug davon hat; sie dient allein dazu, mich dabei völlig zu entspannen.

Die vielleicht am meisten unterschätzte Entspannungsübung und ideale Trainingsmethode zur Veredelung der Zeit ist ein bewusstes Konzentrieren auf das Gähnen. Seit Jahrzehnten gilt es in der Sprachtherapie als höchst wirksames Mittel zur Reduzierung von Leistungsangst und

Bluthochdruck im Bereich der Halsschlagader. Andrew Newberg und Mark Robert Waldman gehen in ihrem Buch sogar so weit, vorzuschlagen, Gähnen in Sportübungen und Programmen zur Stressminderung, in kognitive und gedächtnisfördernde Übungen, in die Psychotherapie und in spirituelle Praktiken aufzunehmen. Weiters vermuten sie, dass Gähnen dabei helfen kann, Selbstbewusstsein und Mitgefühl zu fördern, ebenso wie das Vermögen, mit anderen effektiv zu kommunizieren. Alles in allem gilt: Gähnen wirkt und bringt einen schneller als alle anderen Meditationstechniken in einen Zustand der Wachsamkeit und Konzentration. Ich persönlich habe es mir deshalb zur Gewohnheit gemacht, nach einer längeren Autofahrt und kurz vor einem Vortrag oder sonstigen Auftritt vor Publikum außerhalb des Seminarraums ganz allein und von anderen unbeobachtet ein paar Schritte (möglichst an der frischen Luft) zu gehen und dabei dreißig bis fünfzig Mal aus ganzem Herzen zu gähnen. Das bedarf zunächst einer gewissen Übung, wird dann aber mit etwas Glück zu einer unverzichtbaren Erfrischungskur.

**Die am meisten unterschätzte Entspannungsübung zur Veredelung der Zeit ist ein bewusstes Konzentrieren auf das Gähnen.**

Zugegeben, Meditation gehört nicht zu meinen täglich geübten Praktiken. Aber: Menschen, die regelmäßig meditieren, sich dafür in ihrem Tagesablauf zwanzig bis sechzig Minuten Zeit reservieren, berichten gut nachvollziehbar von einer inneren Ruhe, die sich vorteilhaft auf ihr Nervensystem auswirkt und damit sowohl ihren physischen wie auch emotionalen Gesundheitszustand entscheidend positiv beeinflusst. Neurobiologen bestätigen, dass durch Meditation Antistresshormone und biochemische Botenstoffe und auch luststeigernde und depressionshemmende Neurotransmitter wie z.B. Dopamin und Serotonin im ganzen Körper ausgeschüttet werden. Selbst eine zehn- bis fünfzehnminütige Meditation scheint äußerst günstige Auswirkungen auf das Gedächtnis, die Entspannung und auf die geistige Gesundheit zu haben und reduziert nachweislich das Verlangen nach Nikotin und übermäßigem Alkoholkonsum.[51]

## INS GESPRÄCH KOMMEN UND IM GESPRÄCH BLEIBEN

„Sprich, damit ich dich sehe“, soll Sokrates zu den Menschen gesagt haben, die gekommen waren, um ihn auf dem Marktplatz in Athen als Redner zu erleben. Eine der besten Methoden zur Veredelung der Zeit war es wohl immer schon, mit anderen Menschen ins Gespräch zu kommen und mit ihnen im Gespräch zu bleiben. Vor allem auch deshalb, weil Gespräche die Arznei schlechthin gegen Einsamkeit sind. Einsamkeit, eine der versteckten großen Nöte unserer Zeit – sie ist viel verbreiteter, als wir annehmen –, gilt als großes Tabu. In der Pflege, im Betreuten Wohnen, in Altersheimen, in Krankenhäusern, wo immer wir hinschauen, überall wird nach bestem Wissen und Gewissen getan, was getan werden kann. Aber die Tatsache, dass viele Menschen niemanden haben, dem sie sich anvertrauen können, dass vielen auch das Geld fehlt, um unter die Leute zu gehen, einen Kaffee zu trinken oder andere dazu einzuladen, wird kaum thematisiert. Einsamkeit hat auch negative Folgen für die Gesundheit. Wie die Weltgesundheitsorganisation WHO vor Kurzem festgestellt hat, sind Menschen

**Eine der besten Methoden zur Veredelung der Zeit ist es, mit anderen Menschen ins Gespräch zu kommen und im Gespräch zu bleiben.**

ohne starke soziale Kontakte einem höheren Risiko von Schlaganfällen, Angststörungen, Demenz, Depressionen und Suizid ausgesetzt.

Ein Gespräch fordert und fördert soziale Interaktion. Je mehr soziale Verbindungen wir haben, desto weniger lassen unsere kognitiven Fähigkeiten nach. Jede Form der gesellschaftlichen Isolation schadet wichtigen Mechanismen im Gehirn und führt zu Aggressionen, Depressionen und zahlreichen anderen neuropsychiatrischen Erkrankungen. Ohne Gespräche können wir nicht leben, nicht mit anderen kooperieren, und ohne Kooperation würde die menschliche Gesellschaft in ein reines Konfliktchaos ausarten.[52] Die moderne Gehirnforschung jedenfalls belegt eindrucksvoll, dass Menschen von Natur aus auf soziale Resonanz und Kooperation angelegt sind.

**Je mehr soziale Verbindungen wir haben, desto weniger lassen unsere kognitiven Fähigkeiten nach.**

Mit gutem Willen und etwas Glück ist es möglich, in weniger als fünfzehn Minuten zwischen zwei Menschen eine tiefe Vertrautheit entstehen zu lassen: Eine mich unerwartet tief bewegende Bestätigung dafür erhielt ich vor Jahren nach einem Vortrag zum Thema „Die Kunst des Alterns“ in Klagenfurt: Eine Dame kam auf mich zu, stellte sich als Dagmar Schmidt vor und erzählte mir von ihrer Begegnung mit meiner Mutter im Jahr 2006 im Krankenhaus der Elisabethinen in Klagenfurt. Als Patientinnen und Zimmerkolleginnen seien sie damals sehr schnell miteinander ins Gespräch gekommen und dann auch im Gespräch geblieben, und sie hätten sich so gut miteinander verstanden, dass Dagmar daraufhin den Entschluss gefasst habe, die Hospizausbildung zu machen und als

Senioren-Gedächtnistrainerin zu arbeiten. Sie arbeitet noch heute im Hospiz und als Gedächtnistrainerin. Im Jänner 2024 schrieb sie mir, sie erzähle immer noch gerne, wie durch Begegnung und geschenktes Vertrauen ihr Leben vor Jahren eine neue Richtung bekommen habe. Nach entsprechender Ausbildung habe sie im Jahr 2009, mit fünfundsechzig Jahren, auf der Demenzstation im Klinikum Klagenfurt mit ihrer neuen Tätigkeit begonnen, von der sie jetzt, im Blick zurück, sagen könne, es sei die beste und schönste Zeit ihres Lebens gewesen. Ab ihrem einundsiebzigsten Lebensjahr habe sie neben den normalen Weiterbildungen dann noch weitere Zusatzausbildungen gemacht. Mit ihren heute mittlerweile achtzig Jahren denke sie nicht ans Aufhören, wohl aber darüber nach, sich vermehrt der Trauerbegleitung zuzuwenden.

## GEMEINSAMES ERINNERN

Mit seinem Film „Weißt du noch“ (2023) mit Senta Berger und Günther Maria Halmer in den Hauptrollen hat Regisseur Rainer Kaufmann ein Zwei-Personen-Stück geschaffen, das vor allem von seinen manchmal komischen, manchmal tragischen, aber fast immer klugen Dialogen lebt. Die Handlung spielt sich nahezu ausschließlich im Haus der Eheleute ab. Die beiden Alten, gefangen in ihrer selbstauferlegten Zweisamkeit, lassen die Zusehenden neunzig Minuten lang spüren, wie es im Alter sein muss, wenn es außerhalb der eigenen vier Wände kaum oder gar keine Alternativen mehr gibt, weil die Lebenszeit schon so weit fortgeschritten ist.

Vielleicht hätten sich Marianne und Günter längst trennen sollen. Stattdessen halten sie es seit mehr als fünfzig Jahren miteinander aus, kennen den jeweils anderen wie das eigene Ich. Aus ihrer Liebe ist Treue geworden, aus ihrer Treue Gewohnheit und aus der Gewohnheit Langeweile. Wie lange diese noch auszuhalten ist, bleibt die spannende Frage. Fest steht: Sie können nicht mehr mit-, aber schon gar nicht ohne einander. Das Beisammensein der beiden wird zum Wettkampf, wer mit besseren Argumenten den jeweils anderen ausstechen kann, wer von beiden dem anderen gerade körperlich und/oder geistig überlegen ist. Der Wendepunkt im Film ist eine ganz spezielle „Wunderpille“, die Günter seiner Frau und sich selbst zum Hochzeitstag schenkt, weil diese gegen Gedächtnisverlust helfen und verlorene Erinnerungen zurückbringen kann. Nach einem ersten Zögern schlucken die beiden das Präparat – und tatsächlich führen sie sich schon nach kurzer Zeit wieder wie ein junges Liebespaar auf und erinnern sich daran, wie sie noch jung und attraktiv waren, mit Kindern, im Urlaub, zu Weihnachten ... Marianne und Günter sind wie ausgewechselt, turteln, träumen und beginnen zu tanzen.

**Im Zurückblicken und Erzählen von den Erinnerungen kann man ein Paradies entdecken, das uns jung halten und bis zum letzten Atemzug Halt geben kann.**

Fazit: Eine leichte Tragikomödie, ein Kammerspiel, das uns zwar mit der schmerzhaften Tatsache des Alterns konfrontiert, Angst vor Demenz und körperlichem Verfall thematisiert, aber mit so viel Esprit und Leichtigkeit, dass es nicht zu sehr wehtut. Ein Film, dem es gelingt, mit Gedanken über das Leben und seine Vergänglichkeit zu begeistern. Ein Film aber auch, der dazu einlädt, auch ohne Wunderpille zurückzublicken und im Erzählen davon ein Paradies zu entdecken, das uns jung halten und bis zum letzten Atemzug aneinander Halt geben kann.

„Woran glauben Sie?“ Auf diese Frage erhalte ich in der Regel Antworten, die sich auf das religiöse Bekenntnis der Befragten beziehen, nicht aber darauf, was ihnen wichtig ist, wofür sie brennen, was sie begeistert. In vielen Gesprächen in meiner Praxis geht es ja gerade darum, dass Menschen therapeutische Hilfe suchen, weil sie aus den verschiedensten Gründen die Kraft verloren haben, sich für etwas zu interessieren, sich dafür zu begeistern. Wenn in diesem Zusammenhang vom „Glauben“ gesprochen wird, dann im Sinne eines Vertrauens, das mit der Weisheit des Herzens enger verwandt ist als mit der Klugheit des Verstandes.

Trotz aller Möglichkeiten, unsere Welt aufgrund neuester wissenschaftlicher Erkenntnisse zu erklären, wird immer ein Maß an Ungewissheit bleiben. Das gilt für die Naturwissenschaften und die Geisteswissenschaften, aber auch für spirituelle Erfahrungen und persönliche Glaubensüberzeugungen. Erst in der Bereitschaft, miteinander darüber zu reden, woran wir glauben, worauf wir vertrauen, was unserem Leben Halt und Zuversicht gibt, lässt sich jene Art engagierte Gelassenheit erfahren, die nicht von vornherein recht haben will, sondern neugierig bleibt und dazulernen kann. Voraussetzung dafür ist die in jedem Menschen angelegte Sehnsucht, nicht nur über den Tellerrand hinauszuschauen, sondern dabei auch die Grenzen dieser Welt und unseres Wissens darüber zu durchbrechen. Unser einzig sicheres Wissen dabei besteht darin, sich

**Glaube ist die Fähigkeit, unseren Überzeugungen zu vertrauen. Darüber ins Gespräch zu kommen, ist ein Jungbrunnen der besonderen Art.**

keiner Sache hundertprozentig sicher sein zu können. Deshalb wird hier unter „Glaube“ die Fähigkeit verstanden, unseren Überzeugungen zu vertrauen, auch wenn es keinerlei Beweis für deren Richtigkeit gibt. Darüber miteinander ins Gespräch zu kommen, ist ein Jungbrunnen der besonderen Art, wir werfen dann immer neue Fragen auf, anstatt fertige Antworten zu liefern. Die besten Antworten auf solche Fragen sind daraus resultierende, präziser gestellte Fragen. Das ist ein Programm, das nicht nur das Gehirn, sondern auch das Herz jung und gesund erhält. Ein solches Miteinander in heiter-gelassener Engagiertheit weiß in täglich neuen Versuchen um eine einander wertschätzende Streitkultur, die sich weder mit selbstherrlicher persönlicher Überzeugung noch mit dem faulen Kompromiss mittelmäßiger Genügsamkeit zufriedengibt.

## WERTSCHÄTZUNG UND DANKBARKEIT

Im Oktober 2023 wurde ich von meinem Freund Wolfgang Horvath, dem Kirchenmusiker, Organisten und Dirigenten, um die Laudatio zur Verleihung der Ambrosius-Medaille an ihn gebeten. Es ist die höchste Auszeichnung, die an Kirchenmusiker im deutschsprachigen Raum vergeben werden kann, eine zweifellos gebührende Würdigung an ihn, den Intendanten des Festivals ORGELockenhaus, Gründer und künstlerischen Leiter der Musica Sacra sowie der Kammerphilharmonie Lockenhaus. Meine erste (ihm gegenüber verschwiegene) Reaktion war, die ehrenvolle Einladung aus Zeitgründen abzulehnen. Zu sehr war ich zu der Zeit mit dem Manuskript dieses Buches beschäftigt. Dann aber – während er mir weiter zu erklären versuchte, wann, wo und wie das Fest stattfinden sollte, am 22. November nämlich, dem Fest der Heiligen Cäcilia,

Patronin der Kirchenmusik – dachte ich mir, dass die seltene Gelegenheit einer Preisverleihung inklusive Laudatio doch wunderbar zum Titel meines Buches passen könnte: Wann denn sonst erleben wir die Veredelung der Zeit besser und tiefer als in den Momenten, in denen wir gelobt werden, uns gedankt wird und wir spüren, dass Menschen um uns herum mit Anerkennung und Wertschätzung für das, was wir können, danke sagen. Und plötzlich spürte ich in mir keinerlei Widerstand mehr, mich auf das Verfassen einer Lobrede auf einen ungewöhnlich vielseitigen Kirchenmusiker einzulassen.Eine andere Zögerlichkeit, die nämlich, als Dilettant in Sachen Kirchenmusik für eine Laudatio nicht in Frage zu kommen, zerstreute ein paar Tage später ein Akustik-Fachmann in einem Musikgeschäft in Klagenfurt, dem ich beim Kauf eines Lautsprechers für eine Stereoanlage glaubte erklären zu müssen, von solchen Dingen nichts zu verstehen. Er antwortete mir: „Sie müssen sich bei Lautsprechern nicht auskennen. Es genügt, darauf zu achten, ob Sie Gänsehaut bekommen oder nicht!“

**Nie erleben wir die Veredelung der Zeit tiefer als in den Momenten, in denen wir spüren, dass Menschen mit Wertschätzung für das, was wir können, danke sagen.**

Der nächste innere Widerstand gegen das Verfassen einer Lobrede hatte mit der Frage zu tun, was ich denn einem mit siebenundfünfzig Jahren bereits „ausdekorierten“ Musiker, Ehrenbürger von Lockenhaus und Inhaber ungezählter Auszeichnungen des Landes und der Republik noch zu sagen hätte.

Und dann befiel mich während eines Telefonats mit Wolfgang noch eine weitere Zögerlichkeit, die freilich am wenigsten ins Gewicht fiel: Als „undekorierter" Zeitgenosse habe ich mich immer wieder dabei ertappt, bei (un-)passenden Gelegenheiten zu bekennen, dass mir Auszeichnungen und Ehrungen wenig bedeuten, ich darauf keinen besonderen Wert lege. Vielleicht habe ich das Gesprächspartnern gegenüber auch zu oft betont und die feinsinnigen unter ihnen dabei ahnen lassen, wie sehr ich mich im Grunde auch in meinem Leben über Anerkennung gefreut hätte. Ich habe mich aber immer zu den Dilettanten gezählt, zu denen, die das, was sie tun, lieben und sich daran erfreuen (lat. delectare), die wissen (müssten), dass der Preis der Vielseitigkeit unter anderem auch darin besteht, in keinem Bereich außerordentlich gut sein zu können. Bei aller von mir behaupteten Bescheidenheit, was Ehrenurkunden, Preise und Würdigungen betrifft, musste ich mir dann aber doch eingestehen, wie gut Wertschätzung tut und auch mir immer getan hat: Als ich im Jahr 2001 meine Aufgabe als Seelsorger zurücklegte, mich von meinen Pfarrgemeinden verabschiedete und zu Fuß in elf Tagen, mit einem Rasttag in Mariazell, nach Wien gewandert bin, hatten zu meinem Abschied die zwölf Bürgermeister der Norischen Region einen Würdigungspreis für mich erfunden und damit ihrem langjährigen Seelsorger dafür gedankt, „dass er als Pfarrer und Psychotherapeut weit über seine Aufgaben hinaus intensive Kontakte zu Künstlern sowie Wissenschaftlern geschaffen und mit diesen das sakrale und kulturelle Leben Klein St. Pauls viele Jahre hindurch bereichert hat." Ich kann nicht in Worte fassen, wie sehr ich mich damals über diese Begründung gefreut habe.

Das Leben ist ein ständiges Pendeln zwischen Jugend und Alter, Gesundheit und Krankheit, zwischen der Fülle des Lebens und dem Tod als dessen Ende.

# Letzte Wege



Es war nicht leicht, unsere Mutter davon zu überzeugen, dass Betreutes Wohnen in der Bezirkshauptstadt Spittal an der Drau für sie die besseren Möglichkeiten zu bieten hätte, als daheim auf dem Bauernhof (oft vergeblich) auf den Besuch ihrer Kinder und Enkelkinder zu warten. Nach der Scheidung von unserem Vater war sie mit uns Kindern dorthin gezogen. Immer wieder erzählte sie stolz: „Ich konnte ja gehen, ich hab ja an B'sitz g'habt." Und jetzt sollte sie von dort weggehen! Mir, als ihrem ältesten Sohn, noch dazu dem „Seelsorger" in der Familie, machte sie diesbezüglich die größten Vorhaltungen. Ich würde ihr damit den Blick in die Nockberge wegnehmen und am Abend vor dem Schlafengehen den Blick (mit dem Fernglas) auf „ihre letzte Eigentumswohnung", den Friedhof in Pleßnitz mit dem Grab unseres 1999 verstorbenen Bruders Ingomar und seines im Jahre 2016 mit neunzehn Jahren freiwillig aus dem Leben geschiedenen Sohnes Manuel. Das alles aufgeben zu müssen, kränkte sie schwer. Sechs Kinder habe sie großgezogen, klagte sie mir, und keines würde sich jetzt um sie kümmern.

Als sie dann später, nach einem Sturz und einer komplizierten Operation, vom Betreuten Wohnen ins Altersheim übersiedeln musste, hatte sie sich schon an ihren neuen Zustand gewöhnt und diesen dann auch so richtig zu genießen gewusst. Nach dem Umzug vom Betreuten Wohnen ins Altersheim überraschte sie mich bei einem meiner ersten Besuche in ihrer neuen Umgebung mit dem Hinweis darauf, „wie schön in diesem Haus gestorben wird". Sie zeigte mir den Sarg im hinteren Teil der Anstaltskapelle, der dort für den nächsten in diesem Haus sterbenden

Menschen bereitstand, und meinte, ich solle mit dem Bischof der Diözese reden, „ein solcher Sarg gehört doch in jede Pfarrkirche, damit die Leute wissen, was sie erwartet“. Sie wurde von Verwandten, Bekannten, Freundinnen und Freunden besucht, genoss diese beinahe täglichen „Audienzen“ und war dadurch bestens informiert darüber, was in Oberkärnten los war.

So sehr sich unsere Mutter zunächst mit Händen und Füßen gegen einen Lebensabend im Heim gewehrt hatte, so sehr gewöhnte sie sich im Laufe der Zeit nicht nur daran, sondern genoss es geradezu. Ein paar Wochen, bevor sie starb, sagte sie zu mir: „Da hat mir der Herrgott noch ein paar schöne Jahrlan g'schenkt!“ Einmal, als ich sie dort besuchen wollte, wusste auch das Pflegepersonal nicht, wo sie zu finden sein könnte. Nach einer Stunde besorgten Suchens kam sie mit ihrem Rollstuhl aus dem Zimmer einer dementen Mitbewohnerin, die zuvor in der Meinung, dort hinzugehören, im Zimmer unserer Mutter aufgetaucht war und dann von ihr in ihre Wohnung begleitet wurde. Dabei hätten sie so vernünftig miteinander zu reden begonnen, dass meine Mutter es nicht übers Herz gebracht habe, das Gespräch zu beenden und sich von ihrer Heimmitbewohnerin an deren Wohnungstür zu verabschieden. Meine Aufforderung, sich bitte nie mehr für längere Zeit ohne Rücksprache mit dem Pflegepersonal irgendwohin zurückzuziehen, schien sie nicht zu hören und sagte stolz: „Hätte mir nicht gedacht, dass ich als altes Weiblein mit meinen fünfundachtzig Jahren noch etwas Sinnvolles für unsere Hausgemeinschaft tun kann!“

## Take Care: Der Mensch, des Menschen beste Medizin

Viele Menschen, die ich in den vergangenen dreißig Jahren meiner therapeutischen Arbeit in den schwierigsten Phasen ihres Lebens begleiten durfte, haben im Blick zurück die ihnen zugemuteten Krankheiten und das ihnen dabei auferlegte Schicksal als „persönliche Wiedergeburt", als „Neubeginn", ja manchmal auch als „das große Geschenk eines neuen Bewusstseins" erlebt und zu beschreiben versucht.

Diese geheimnisvoll wirksamen und psychokriminologisch nicht zu erklärenden Erfahrungen sind Kostbarkeiten, die man nicht übersehen, aber auch nicht billig zerreden sollte. In seiner Tagebucheintragung vom 25. Juli 1930 notierte André Gide dazu: „Ich glaube, es gibt gewisse Tore, die einzig die Krankheit öffnen kann. [...] Vielleicht verschließt uns die Krankheit einige Wahrheiten; ebenso aber verschließt uns die Gesundheit andere oder führt uns doch davon weg. [...] Ich habe unter denen, die sich einer unerschütterlichen Gesundheit erfreuen, noch keinen getroffen, der nicht nach irgendeiner Seite hin ein bisschen beschränkt gewesen wäre; wie solche, die nie gereist sind; [...] Die noch nie krank waren, sind des Mitgefühls für eine ganze Anzahl Elendszustände nicht fähig."[53]

Gesundheit und Krankheit genauso wie Jugend und Alter sind so verstanden fließend-dynamische Zustände, die in ihrer je eigenen selektiven Wahrnehmung nie das ganze Feld des Lebendigen ausleuchten, sondern immer „ein bisschen beschränkt" bleiben, auf einem Auge blind sozusagen. Anders gesagt, das Leben ist ein ständiges Pendeln zwischen Jugend und Alter, Gesundheit und Krankheit, gründlicher betrachtet ein ständiges Pendeln zwischen der Fülle des Lebens und dem Tod als dessen Ende.

Während sich die Sorge um Neugeborene in unserer Kultur bis ins Mittelalter zurückverfolgen lässt, muss es nachdenklich stimmen, dass die Sorge um unheilbar Kranke und Sterbende im Vergleich dazu eine weit kürzere Geschichte aufweist.

Bei Besuchen auf Palliativstationen wird das Pendeln zwischen der Fülle des Lebens und dem Tod als dessen Ende besonders beeindruckend erlebbar. Man spürt bereits beim Betreten des Krankenzimmers, in welchen sozialen Verbindungen und damit untrennbar verbunden in welchem emotionalen Zustand ein dort betreuter Mensch sich befindet. Man sieht es von Weitem, ob er bzw. sie „nur mehr versorgt" wird oder trotz aller Einschränkungen noch irgendwie teilhaben kann an der Vielfalt des Alltags, der außerhalb des Zimmers stattfindet. Besuche geben ihm oder ihr das Gefühl, nicht vergessen zu werden, tiefgehende Gespräche wecken (wieder) den Glauben daran, etwas zu sagen zu haben, die Tageszeitung auf dem Nachtkästchen ist das Schlüsselloch zur Welt, Freude entsteht, wenn im Radio und im Fernsehen eine Lieblingssendung läuft, und Ärger, wenn der Sender sich nicht verstellen lässt. Freude und Ärger in zumutbarem Ausmaß zu erleben, hält Menschen lebendig.

Im Jahr 2012 erschien der Film „Amour" von Michael Haneke, in dem George, der Ehemann von Anne, sich Tag und Nacht um seine halbseitig gelähmte, zu nichts mehr als zum Leiden fähige Frau kümmert. Was sich dieser alte, erschöpfte Mann zur Aufgabe gemacht hat, würde auch jeden Jungen ganz schnell in die Verzweiflung treiben: Er hat seiner Frau Anne versprochen, dass sie nicht mehr ins Krankenhaus, nicht ins Heim muss. Er steht zu seinem Wort und hält, was er versprochen hat. Sein letzter Liebesdienst besteht dann darin, dass er Anne Sterbehilfe leistet, indem er sie mit einem Kissen erstickt. Im Umgang mit Menschen am Beginn und am Ende des Lebens zeigt sich die Qualität einer Gesellschaft. Die Fürsorge für Kinder, Alte und Kranke ist der Lackmustest dafür, wie viel an Liebe und Sorge eine Gemeinschaft für schwache, kranke und hilflose Menschen aufzubringen in der Lage ist. Dass das Schicksal von George und Anne, von dem der Film erzählt, heute sehr viele treffen kann, sei ein Mitgrund für ihn gewesen, „Amour" zu drehen, sagt Haneke. Zweifellos ist die Handlung dieses Films nicht übertrieben und ganz sicher nicht drastischer als die Realität in unserer Gesellschaft.

Im Jahr 2023 hat der Dachverband Hospiz Österreich sein Dreißig-Jahr-Jubiläum gefeiert. Seit Anbeginn steht er dafür ein, dass Menschen am Ende ihres Lebens gut begleitet werden. Barbara Schwarz, die Präsidentin des Dachverbands, beklagt in einem Interview[54] den eklatanten Mangel an Pflegepersonal und den steigenden Bedarf an ehrenamtlichen Hospizbegleiterinnen und Hospizbegleitern für eine immer älter werdende Gesellschaft.

Weil aber der Tod uns alle jederzeit treffen kann, gibt es im Leben keine Zeitspanne, in der man das Thema Tod ausblenden sollte. Wer glaubt, Kinder davor schützen zu müssen, versucht zu verstecken, was man „bestenfalls" nur verdrängen kann. In meiner Zeit als Landpfarrer habe ich oft erleben können, dass die Kinder mit dem Sterben und Abschiednehmen

**Im Leben gibt es keine Zeitspanne, in der man das Thema Tod ausblenden sollte.**

besser zurechtgekommen sind als die Erwachsenen. Wie etwa Belinda, meine Ministrantin, die mich eines Tages nach der Abendmesse ins Haus ihres seit Tagen im Koma liegenden Opas begleitet hat. Mit in sein Zimmer gehen wollte sie zunächst nicht. Schlussendlich aber stand sie dann doch im Kreise ihrer Familie am Sterbebett und war die Erste, die bemerkte, dass ihr Opa beim „Vater unser" seine Lippen bewegte; nach dem gemeinsamen Beten hauchte er für uns alle vernehmbar sein Leben aus. Die achtjährige Belinda schaute mich an und sagte: „Jetzt habe ich keine Angst mehr vor dem Sterben!"

## Wenn es einmal so weit ist

In vielen Gesprächen und dabei mir geschenktem Vertrauen werde ich gebeten, mit Menschen darüber zu sprechen, was zu tun ist, wenn es bei ihnen „einmal so weit ist". Mein jüngstes Gespräch darüber hat am Tag vor dem Heiligen Abend 2023 in einem Kaffeehaus in Velden am Wörthersee stattgefunden. Nach einem überraschenden Wiedersehen und einem schönen Gespräch zu viert nahm mich beim Verabschieden unser Freund zur Seite, um mich unter vier Augen zu bitten, ihn bald zu besuchen, weil er mir „rechtzeitig" sagen wolle, was er sich wünsche, dass geschehen soll, wenn es bei ihm „einmal so weit ist".

**Es ist besser, die „letzten Dinge" im Leben nicht dem Zufall zu überlassen, sondern zu Lebzeiten zu regeln.**

Auch meiner Frau und mir ist es ein großes Anliegen, die „letzten Dinge" im Leben nicht nur dem Zufall zu überlassen, sondern zu Lebzeiten zu regeln. Dabei kümmern wir uns nicht in erster Linie um eine durchaus auch wichtige Patientenverfügung. Zu unseren wichtigeren Vorsorgeplänen gehört etwa die Entscheidung, wo sich unser Grab befinden und wie es gestaltet sein soll.

**Es ist ein beruhigender Gedanke, jetzt schon für etwas zu sorgen, das je später, umso schwerer von wem auch immer zu besorgen sein wird.**

Wer um siebzehn Jahre älter ist als seine Frau, braucht nicht lange darüber nachzudenken, wer von uns beiden früher sterben wird. Auch diesbezüglich gilt: „Alt werden ist nichts für Feiglinge." Es ist ein beruhigender Gedanke, jetzt schon für etwas zu sorgen, das je später, umso schwerer von wem der beiden auch immer zu besorgen sein wird. Das erinnert mich an Hochzeitsansprachen, in denen ich den Brautleuten zu sagen versuchte, dass der Ernst, mit dem sie ihr Ja am Tag der Hochzeit gesagt haben, erst ein gemeinsamer Grabstein wird zeigen können.

Freunde vermuten hinter meiner „Lust", sich mit dem Tod zu beschäftigen (manche nennen es Thanatophilie), den Rest des Pfarrers in mir. Gelegentlich antworte ich ihnen mit dem Gedicht des Schriftstellers und DDR-Dissidenten Reiner Kunze „Bittgedanke, dir zu Füßen"[55], in dem er seiner Frau aus Liebe wünscht, „um ein weniges früher" als er zu sterben, damit ihr der schwere Weg, allein vom offenen Grab weg zurück nach Hause, erspart bleiben möge.

Monika Nemetschek, die erste weibliche Religionspädagogin in Österreich, die mit ihrer charismatischen Persönlichkeit Generationen von Religionspädagogen geprägt hat und mit ihren einundneunzig Jahren von ihrem Alterssitz in Hermagor aus immer noch täglich am Telefon ungezählten Menschen Mut macht, sieht, wie sie mir versichert, in ihrem Dasein für andere bis zuletzt die geeignetste

Vorbereitung auf ihr eigenes Sterben. Ein paar Tage vor dem Heiligen Abend 2023 kam ein Brief von ihr, in dem sie mir die „Hoffnungs- und Trostworte zum Abschied von Monika Nemetschek“ schickte, vorzulesen vor dem Schlusssegen bei ihrem eigenen Requiem, mit der handschriftlichen Mitteilung: „Gell, da staunst du! Ist schon auf CD – musikalisch unterlegt mit Christoph Willibald Glucks ‚Reigen seliger Geister‘.“

## Skizzen zu einer Kultur des Sterbens

Zwanzig Jahre lang hat Philippe Ariès, ein renommierter französischer Historiker, die „Geschichte des Todes“ untersucht. In seinem gleichnamigen Werk, das erstmals 1980 erschien, geht er anhand unzähliger historischer, literarischer und kirchlicher Quellen den verschiedenen Sterberiten und Bestattungsritualen nach, beschreibt die unterschiedlichen Arten von Friedhöfen, die Einstellungen des Menschen zum Tod und zum Sterben über die Jahrhunderte hinweg. Lange Zeit war der Tod ein stets präsenter Begleiter des Menschen, er gehörte unverbrüchlich zum Leben dazu. Geändert hat sich das im Laufe des neunzehnten Jahrhunderts. Heute überwiegt die Angst vor dem Endgültigen und Unfassbaren, das der Tod auch bedeutet. Hinzu kommt, dass er in unserer auf Leistung und Erfolg getrimmten Gesellschaft als Schwäche und störender Faktor wahrgenommen wird. Menschen sterben heute oft nicht mehr im Kreis von Familie und Freunden, sondern allein, im Krankenhaus, und werden so um die Größe und Erhabenheit dieser letzten

**Lange Zeit war der Tod ein stets präsenter Begleiter des Menschen, er gehörte unverbrüchlich zum Leben dazu.**

Phase des Lebens betrogen, die auch ein Moment letzter Lebenserfüllung bedeuten kann.

Schon der griechische Philosoph Epikur rät seinen Schülern, sich um den Tod nicht zu kümmern, weil er sie im Grunde nichts angehe. In seiner Schrift „Von der Überwindung der Angst“ begründet er das so: „Das Schauerlichste aller Übel also, der Tod, geht uns nichts an; denn solange wir da sind, ist der Tod nicht da, wenn aber der Tod da ist, dann sind wir nicht mehr da.“[56]

Auf ein anderes Ausweichmanöver hat Sigmund Freud hingewiesen: Wir wüssten zwar alle, dass wir sterben müssen, aber weil bisher nur die anderen gestorben sind, halten sich die Lebenden für unsterblich und führen sich in der Gestaltung ihrer Welt auch dementsprechend auf.

Andere Ablenkungsmanöver lassen sich in Wien in Heurigenliedern finden, wenn sie den Tod als „Freunderl“ besingen, mit dem man Bruderschaft trinkt und sich so die Angst vor ihm vom Leib zu halten versucht. In gröberen oder feineren Nuancierungen finden sich in allen Kulturkreisen Maskierungsversuche dem Tod gegenüber. Ein russisches Sprichwort etwa fragt: „Was fürchtest du den Tod, Väterchen? Es hat doch noch keiner erlebt, dass er gestorben ist!“ Und Mark Twain, der begnadete Humorist und scharfzüngige Spötter, fand nichts auf der Welt so sinnlos wie eine Friedhofsmauer, weil die Lebenden nicht hineinwollen und die Toten nicht mehr herauskönnen. Wozu also die Mauer?

Oder aber man orientiert sich am 2017 verstorbenen Fernsehmoderator Erich Helmensdorfer, der sich im Alter von neunzig Jahren in seiner Wahlheimat Wien die Worte von

 Johann Nestroy zum Leibspruch machte: „Ich höre das Gras schon wachsen, in das ich demnächst beißen werde."

## Was ich an Sterbebetten gelernt habe

Im August 2011 stand ich in Teuffenbach in der Steiermark, im Häuschen ihres Paradiesgartens, am Sterbebett meiner Freundin Gittli Muster[57]. Sanft rüttelte ich sie wach, sie schlug die Augen auf, erkannte mich, lächelte und sagte zu mir: „Arnold, mich holt grad der Teufel!" „Aber Gittli", antwortete ich, „das ist unmöglich! Du bist ein Himmelskind!" Sie lächelte mich an und schlief wieder ein. Ein paar Stunden später starb sie. Den unendlich sanften Augenblick unseres kurzen Gesprächs trage ich seither als stilles Glück in mir. Seither weiß ich – deutlicher als je zuvor – dass auf uns Menschen bis zum letzten Atemzug Gelegenheiten warten, die Zeit zu veredeln und sich durch Begegnungen beschenken zu lassen.

In meinem Leben habe ich mich im Umfeld von Sterbebegleitung, Begräbnissen und der Sorge um die Hinterbliebenen sehr oft zur richtigen Zeit am richtigen Ort gefühlt. Nirgendwo sonst habe ich den Sinn meiner Arbeit besser zu spüren vermocht und Menschen authentischer, betroffener, präsenter erlebt. Denke ich heute zurück, schäme ich mich ein wenig, wie selbstbewusst, ja selbstherrlich, ich als junger Kaplan in Spittal an der Drau bei solchen Gelegenheiten meinen Dienst verrichtete. Mit dem Sicherheitsabstand von ein paar Jahren nach dem Begräbnis ihres Schwiegervaters gestand mir eine Gymnasiallehrerin, wie sehr ich sie damals beeindruckt, aber auch vor den Kopf gestoßen hätte: Beim Totenmahl nach der Verabschiedungsfeier hätte ich allen Trauernden Fragen beantwortet, die mir niemand gestellt hatte, und ihnen so nicht die Gelegenheit gegeben, über die eigentlichen Fragen, die uns angesichts des Todes eines geliebten Menschen beschäftigen, miteinander ins Gespräch zu kommen.

Diese Geschwätzigkeit meiner jungen Priesterjahre fand im Februar 1999 ein jähes Ende. Der Tod meines jüngeren Bruders Ingomar erschütterte mich bis ins Mark. Als Krebspatient im Wiener Wilhelminenspital hatte er mich beinahe täglich mit hochphilosophischen Gedanken und mit punktgenauen Kommentaren zu Situationen in der Familie, in der Kirche und in der Welt überrascht. Bis zu dieser Zeit war ich als sein ältester Bruder davon überzeugt gewesen, der „Gescheitere" von uns beiden zu sein. Dass mir mein jüngerer Bruder während seiner Krankheit zum philosophischen Lehrmeister werden sollte, brauchte einige Zeit, bis ich es verstehen und annehmen konnte. Vielleicht weiß ich seit damals wenigstens um einiges besser als vorher, dass der, der sich wichtig nimmt, immer in der Versuchung steht, andere zu belehren, während der, der älter wird, immer mehr Gelegenheiten dazu geboten bekommt, zu erkennen, was er von anderen lernen kann. So erinnere ich mich heute gerne an die Zeit, die ich in den letzten Lebenswochen meines Bruders im Wiener Wilhelminenspital mit ihm verbracht habe. Ein paar Beispiele sollen hier verdeutlichen, warum.

**Auf uns Menschen warten bis zum letzten Atemzug Gelegenheiten, die Zeit zu veredeln und sich durch Begegnungen beschenken zu lassen.**

Als Hermann Maier nach seinem Jahrhundert-Sturz bei der Olympiade in Nagano 1998 trotzdem Doppel-Olympiasieger wurde und sich selbst in einem Interview im Fernsehen als „unsterblich“ beschrieb, fehlten meinem Bruder zunächst die Worte, um seinen „heiligen Zorn“ zum Ausdruck zu bringen. Immer wieder fragte er mich in den folgenden Tagen, was in einem Menschen wohl vorgehen mag, wenn er der Versuchung nicht widerstehen kann, sich vor den Augen der ganzen Welt im Moment seines größten Triumphes als unsterblich zu zelebrieren.

Einmal saß ich mit meinem todkranken Bruder zu Beginn eines Gottesdienstes im Wiener Stephansdom. Den sogenannten Bußakt, die Bitte um Vergebung am Beginn der Messe, hatte der Zelebrant mit den Worten eingeleitet: „Jesus Christus ist Gott und Mensch. Wäre er nicht Gott, hätte er uns nicht erlösen können. Wäre er nicht Mensch, hätte er uns die Erlösung nicht nahebringen können. Bitten wir also den Gott-Menschen Jesus Christus: Herr, erbarme dich unser!“ Mein Bruder antwortete, für seine Umgebung gut hörbar: „Herr, erbarme dich seiner!“ Und halblaut vor sich hin murmelte er dann noch: „Da muss man schon sehr fromm sein, wenn man bei diesem Schwachsinn sitzen bleibt und weiterbetet.“

Einmal, als ich abends zu ihm ins Krankenhaus kam, erzählte er mir von einem seiner Arbeitskollegen aus Vorarlberg; dieser sei mit dem Zug nach Wien gekommen, um meinen Bruder im Spital zu besuchen, und in der folgenden Nacht im Zug wieder zurück nach Vorarlberg gefahren. Der Kommentar meines Bruders: „Pfeif auf deine Verwandten, wenn das das Einzige ist, was dich mit ihnen verbindet.“

Unvergessen ist mir auch sein Sterben: Nach tagelanger Wache am Sterbebett ihres Mannes wurde unsere Schwägerin Annemarie von unserer Mutter abgelöst. Als ich sie am 15. Februar 1999 um 20 Uhr wieder heimbringen wollte und ihr erklärte, sie habe den ganzen Tag am Sterbebett verbracht, müsse etwas essen, brauche jetzt Ruhe und ich würde sie ja am nächsten Morgen wieder ins Krankenhaus bringen, sagte sie zu mir: „Schau, das ist dein Bruder! Bleib doch noch ein Stündchen bei ihm." Als hätte sie es gewusst: In dieser Stunde ist mein Bruder gestorben.

Wie anders sollte sich dann das Sterben und der Tod unserer Mutter am 13. April 2020 ereignen. Sie hatte sich immer gewünscht, in ihrer Sterbestunde alle ihre Kinder und möglichst alle Enkelkinder um ihr Sterbebett versammelt zu wissen, um ihnen ein letztes Mal das sogenannte Martergebet vorzubeten, jenes Zwiegespräch zwischen Maria, der Mutter Jesu, und ihrem Sohn, in dem der sterbende Jesus seiner weinenden Mutter Hoffnung über sein Sterben hinaus zusichert. Das Besondere an diesem Gebet lag in der bäuerlichen Mundart, in dem es verfasst ist, und in der Stimme unserer Mutter, mit der sie es uns jedes Jahr an jedem Tag der Karwoche zum Abendgebet vorgebetet hatte. Die im März des Jahres 2020 durch Corona weltweit notwendig gewordenen Vorsichtsmaßnahmen hatten als Alternative zu diesem so erhofften Abschied lediglich die Möglichkeit der Videotelefonie anzubieten.

Ist der Mensch am Ende angelangt, steht er noch am Anfang.

Sir. 18,7

# Zu guter Letzt: „Vielleicht wird Liebe wehen"



„Vita, ars moriendi": Das Leben ist die Kunst des Sterbens. Für die griechische Antike war diese Erkenntnis der Inbegriff ihrer Liebe zur Weisheit, der Gipfelpunkt aller philosophia. Die paradoxe Pointe dabei liegt darin, den Menschen durch die Gewissheit des eigenen Todes Appetit aufs Leben zu machen. Die Frucht der „ars moriendi" ist die „ars vivendi", die Kunst des Lebens, die mit der Aufforderung „carpe diem"[58] Menschen einlädt, die Zeit zu nützen und die Blumen zu pflücken, solange sie blühen. Das ist der Gipfelpunkt einer engagierten Gelassenheit, die im Wissen um die Begrenztheit des Lebens nicht wie das Kaninchen vor der Schlange erstarrt, sondern die Zeit bis an ihr Ende auszukosten weiß. Den biblischen Autoren des Ersten und des Zweiten Testamentes genügt diese Perspektive nicht; sie wagen das Ende des Lebens als Anfang zu hoffen und von einem Neubeginn zu träumen. Wie Martin Buber im Altsein ein „herrlich Ding" sieht, vorausgesetzt, dass man nicht vergisst, was anfangen heißt, ist Jesus Sirach, einer der jüngsten Autoren des Ersten Testamentes, davon überzeugt, dass der Mensch am Ende noch am Anfang ist: „Ist der Mensch am Ende angelangt, steht er noch am Anfang."

Als Seelsorger wurde ich oft an diese biblische Weisheit erinnert, durfte miterleben, wie eng Anfang und Ende miteinander verbunden sein können, wie oft aus dem Abschied von lieben Menschen neue Liebesbeziehungen und zukünftige Partnerschaften gewachsen sind. So bin auch ich meiner Frau nach einem gemeinsamen Totengedenken, am

1. November 1992, zum ersten Mal begegnet. Sie war danach in den Pfarrhof gekommen, um einen Gottesdienst für ihren wenige Wochen zuvor verstorbenen Vater zu bestellen.

Dass die Bibel im Ende einen Anfang sieht, verwundert nicht. Wer aber außerhalb der beiden Testamente danach sucht, wird staunen, wie viel sich hier unter dem Vorzeichen des behutsam gesetzten Wörtchens „vielleicht" finden lässt: Bei Hermann Hesse etwa, der in seinem Gedicht „Stufen"[59] jedem Anfang einen Zauber innewohnen lässt, „der uns beschützt und der uns hilft, zu leben". Das Gedicht schließt mit den Worten:

*Es wird vielleicht auch noch die Todesstunde*
*Uns neuen Räumen jung entgegen senden,*
*Des Lebens Ruf an uns wird niemals enden*
*[...]*

„Was bleibt von einem?", wurde Peter Handke anlässlich seines siebzigsten Geburtstags gefragt. Seine Antwort: „Alles."[60] „Wie kann man so etwas wissen?", wurde ich danach von jemandem gefragt, „ein Literaturnobelpreisträger hat leicht reden. Seine Bücher werden lange überdauern. Andere aber, vor allem einsame Menschen, an die schon zu ihren Lebzeiten keiner gedacht hat, waren schon vergessen, bevor sie begraben wurden." Auch wenn niemand beweisen kann, dass „alles bleibt", verliert dieser Satz für mich nichts von seiner Faszination. Als ich vor ein paar Monaten in der Feuerhalle in Simmering eine Verabschiedungsrede mit diesem Gedanken begann, hatte ein Trauergast verärgert den Kopf geschüttelt, ein anderer dazu bejahend gelächelt. Gerne hätte ich nach der Verabschiedung mit beiden darüber gesprochen. Aber weil der Tod zunächst keine Antworten liefert, sondern in erster Linie stumm macht und unbeantwortbare Fragen stellt, wird man ihm eher durch die Stille gerecht, durch die Kunst, es aushalten zu können, dass es zunächst nichts darüber zu sagen gibt.

**Dass die Bibel im Ende einen Anfang sieht, verwundert nicht. Wer aber außerhalb davon danach sucht, wird staunen, wie viel sich unter dem behutsam gesetzten Wörtchen „vielleicht" finden lässt.**

Aus den abgrundtiefen Erfahrungen von Liebe und Tod und aus der Stille, die der Tod verordnet, sind die wunderbarsten Texte der Weltliteratur entstanden; und das Schönste daran besteht für mich als auch heute noch gelegentlichem Redner an offenen Gräbern, dass diesen Perlen der Weltliteratur kein Kanzelton innewohnt, lediglich ein Hauch von Ahnung und Zuversicht über den Tod hinaus. Wenn ich hier, am Ende dieses Buches, vier dieser literarischen Kostbarkeiten zitiere, bitte ich darum vor allem diejenigen um die Erlaubnis dafür, die mich gelegentlich „Zitatelle" nennen, um damit den allzu häufigen Gebrauch von Zitaten in meinen Texten zu bemängeln.

Erwin Ringel, der bis zur Mitte der 1990er-Jahre in Österreich als „Psychiater der Nation" galt, ist am 28. Juli 1994 in Bad Kleinkirchheim gestorben. Bereits mit zweiunddreißig Jahren hatte er in seiner wissenschaftlichen Meisterleistung, „Das präsuizidale Syndrom", darauf hingewiesen, dass niemand stirbt, weil er nicht mehr leben will, sondern weil er unter den Umständen, in die er geraten ist, nicht mehr leben kann. Vor der Beisetzung am Zentralfriedhof in einem Ehrengrab der Stadt Wien drückte mir Peter Turrini ein Gedicht in die Hand, mit der Bitte, dieses am offenen Grab Erwin Ringels vorzutragen. Der Text stammt aus dem Schauspiel „Die Schlacht um Wien", an dem Turrini zu dieser Zeit gerade arbeitete. Erst Monate später, bei der

Uraufführung am 13. Mai 1995 im Wiener Burgtheater, erschloss sich mir der Kontext dieses Gedichtes und seine darin eingebettete feine Pointe, mit der sich der Dichter vom Pionier der Suizidforschung verabschiedet hatte: Am Beginn des zweiten Aktes kommt eine der Hauptpersonen des Stücks, eine gerade fünfundfünfzig Jahre alt gewordene, lebensmüde Operettensängerin, in der Dämmerung des frühen Abends durch den Wald zu einem Teich. Sie ist völlig erschöpft, aufgelöst, entschlossen, ihrem Leben ein Ende zu setzen. Zu diesem von ihr geplanten Abschied von der Welt hat sie einen Kassettenrekorder mitgebracht, den sie auf den Waldboden stellt. Nachdem sie große Steine gesammelt und sie in die Taschen ihres Kostüms gesteckt hat, drückt sie die Play-Taste des Kassettenrekorders. Mit schleppenden Schritten und erhobenen Hauptes geht sie in den Waldteich und versucht, sich zu ertränken. Doch es gelingt ihr nicht, der kleine Waldteich ist einfach nicht tief genug. Aus dem Kassettenrekorder ertönt das Lied der Operettensängerin:[61]

*Wenn ihr hört mein schweres Atmen,*
*mich so weiß da liegen seht,*
*hat der Tod mein altes Leben*
*schon verweht.*

*Wenn ihr ruft, ich soll doch bleiben,*
*schmerzerfüllt sei euer Herz,*
*ach, ich tanz mit wilden Sprüngen*
*himmelwärts.*

*Wenn ihr seht die Augen brechen,*
*sehe ich ein neues Licht,*
*meine Totenmaske*
*ist ein strahlendes Gesicht.*

*Wenn ihr klagt, ich sei verschieden,*
*atemlos und hin,*
*freu ich mich auf Kerzenmeere,*
*meinen flammenden Beginn.*

*Nichts wird euch an mich erinnern,*
*dort im Grabe liegt der Schein,*
*und ich werd für alle Zeiten*
*ein Ereignis sein.*

Im Jahr 2023 ist im Elisabeth Sandmann Verlag ein Prachtband über Pompeji[62] erschienen: „eine Zeitkapsel, die uns Einblicke in das Leben anderer, Gewesener gewährt", wie der Klappentext ankündigt. Der Ausbruch des Vesuvs im Jahr 79 n. Chr. kostete zweitausend Menschen das Leben und begrub die antike Stadt unter Vulkanasche und Bimsstein: Oft habe ich während meiner römischen Studienjahre das heutige Pompeji mit seinen faszinierenden Ausgrabungen besucht und war dort immer weit tiefer als irgendwo sonst beeindruckt davon, dass wir auf Erden keine bleibende Stätte haben, sondern unterwegs sind, vielleicht sogar auf der Flucht vor den eigenen Fragen und Zweifeln, ohne Gewissheiten, aber vielleicht doch auch mit einem Hauch von Zuversicht und Hoffnung über die Asche hinaus. Ingeborg Bachmann, die vor fünfzig Jahren, am 17. Oktober 1973, in Rom gestorben ist, schreibt davon im letzten ihrer „Lieder auf der Flucht":[63]

*Die Liebe hat einen Triumph und der Tod hat einen,*
*die Zeit und die Zeit danach. Wir haben keinen.*
*Nur Sinken um uns von Gestirnen. Abglanz und Schweigen.*
*Doch das Lied überm Staub danach wird uns übersteigen.*

Ebenfalls vor fünfzig Jahren, am 7. Juni 1973, ist Christine Lavant in Wolfsberg gestorben. Die große Dichterin mit humaner Haltung und sozialkritischem Blick wurde erst in den vergangenen Jahren durch die im November 2015 gegründete Internationale Christine Lavant Gesellschaft in Wien stärker ins Bewusstsein der österreichischen und internationalen Öffentlichkeit gehoben. Es wird wohl der Tod ihrer über alles geliebten Mutter im Jahr 1938 gewesen sein, dem wir das folgende Gedicht verdanken:[64]

*O lehre uns das Liebste so begraben,*
*daß es nicht spürt, wie wir verlassen sind,*
*dass es nicht nächtens wie ein armes Kind*
*vor uns erscheint, die bitterste der Gaben*
*vor sich hinhaltend – unsern Tränenkrug.*

*Laß unsern Schmerzen Größeres gelingen,*
*mach sie gewaltig übers Grab hinaus,*
*setz sie wie starke Brückenfeiler aus,*
*darüber sich die sichern Bogen schwingen*
*der Liebe, welche alles still ertrug.*

*Dann wird sie auch den Übergang ertragen*
*für das Geliebte, bis es in dir ruht,*
*und über allem wird ein weher Mut*
*die Zweige grünen, welche Früchte tragen,*
*süß, aus den Wunden, die der Abschied schlug.*

In den neun Jahren meines Studiums in Rom habe ich immer wieder das Grab des deutschen Schriftstellers Stefan Andres auf dem Campo Santo Teutonico im Schatten der Peterskuppel in Rom besucht. Jeder, der mich dorthin begleitet hat, weiß, dass ich von dort nie weggegangen bin, ohne vorher sein Gedicht „An den Tod“[65] rezitiert zu haben:

*Wenn du mich triffst, sprich leise,*
*Als wär ich dir bekannt;*
*Und von der langen Reise*
*Sag nichts, gib nur die Hand.*

*Ich weiß nicht, ob ich bange,*
*Zeigst du mir dein Gesicht;*
*Vielleicht kenn ich's schon lange.*
*Vielleicht auch kenn ich's nicht.*

*Du bist so schwer zu nennen,*
*O Tod, ich nenn dich Weib!*
*Damit ich im Erkennen*
*Still zu dir sage: bleib!*

*Vielleicht wird Liebe wehen*
*Um uns, bin ich bereit,*
*Dann zeug ich im Vergehen*
*Mit dir: Unsterblichkeit.*

# Anmerkungen und Quellen




1 Martin Walser, *Ein springender Brunnen*, Suhrkamp Verlag, Frankfurt am Main 1998, Seite 129

2 Vgl. zu diesem und dem folgenden Zitat: Olga Tokarczuk, *Übungen im Fremdsein. Essays und Reden.* Aus dem Polnischen von Bernhard Hartmann, Lisa Palmes und Lothar Quinkenstein, Kampa Verlag, Zürich 2021, Seite 21–23

3 Louise Glück, 1943–2023, Lyrikerin, Essayistin, Nobelpreis für Literatur 2020. Ihre Großeltern väterlicherseits waren aus Ungarn in die USA ausgewandert und führten ein Lebensmittelgeschäft in New York. Ihre ältere Schwester starb vor ihrer Geburt, in ihrer Jugend litt Louise Glück an Magersucht, sie war zweimal geschieden, 1980 brannte ihr Haus ab – eine glückliche Frau war Louise Glück wohl nicht, doch aus dem Schmerz wuchs die Schönheit ihrer Gedichte.

4 Dieses und die folgenden Zitate: Jorge Bucay, *Geschichten zum Nachdenken*, Ammann Verlag, Zürich 2006, Seite 8 ff.

5 Jorge Bucay, a.a.O., Seite 12

6 Jorge Bucay, a.a.O., Seite 14

7 Jorge Bucay, a.a.O., Seite 15

8 Vgl. dazu: Joachim Bauer, *Prinzip Menschlichkeit. Warum wir von Natur aus kooperieren*, Hoffmann und Campe, Hamburg 2006, Seite 21

9 Großmeister Shi Yan Liang, Mönch und Dharma-Meister des Shaolin-Tempels in Henan, China, hat im Jahr 2011 den einzigen Shaolin-Tempel in Österreich errichtet, der vom originalen Shaolin-Tempel in China legitimiert ist. Am 1. Oktober 2011 eingeweiht, wird hier die Shaolin-Kultur, wie sie seit 1500 Jahren in China praktiziert wird, vermittelt und weitergeführt: www.shaolinkultur.at

10 https://www.mettnitzer.at/psychotherapie/leitbild/

11 Ingeborg Bachmann, *An die Sonne*, in: Ingeborg Bachmann, *Sämtliche Gedichte*, Piper Verlag München, 10. Auflage 2015, Seite 146–147

12 „Internatling" ist eine Wortschöpfung von Peter Handke in seiner Übersetzung aus dem Slowenischen ins Deutsche des Romans von Florjan Lipuš, *Der Zögling Tjaž*, Verlag Jung und Jung. 1972 im damals jugoslawischen Slowenien veröffentlicht und erst 1981 in deutscher Übersetzung durch Peter Handke in Österreich erschienen, erzählt der Roman die Geschichte eines Internatsschülers, der mit der Gabe, Gegenstände aus der Ferne zerkratzen zu können, gegen die Obrigkeit aufsteht, entlassen wird und am ersten Tag in Freiheit Selbstmord begeht.

13 Rose Ausländer, *Noch bist du da*, in: Rose Ausländer, *Gedichte*, Herausgegeben von Helmut Braun, S. Fischer Verlag, Frankfurt am Main 2012, Seite 287–288

14 Hans-Curt Flemming, *vorschlag für meine grabinschrift*, in: Hans Kruppa (Hrsg.), *Wo liegt euer Lächeln begraben. Gedichte gegen den Frust*, Fischer Taschenbuch Verlag, Frankfurt am Main 1984, Seite 92

15 Hans-Curt Flemming, *glück*, in: Hans Kruppa (Hrsg.), *Wo liegt euer Lächeln begraben*, a.a.O., Seite 138
16 Jean Améry, *Über das Altern. Revolte und Resignation*, Klett-Cotta, Stuttgart, 5. Auflage 1979, Seite 20
17 Jean Améry, a.a.O., Seite 21
18 Jean Améry, a.a.O., Seite 122
19 Arthur Schopenhauer, *Parerga und Paralipomena II. Zweiter Teilband*, Kapitel 31: Gleichnisse, Parabeln und Fabeln, § 396; Diogenes Verlag, Zürich 2017, Seite 708–709
20 Dieses und die zwei folgenden Zitate: Martin Buber, *Das dialogische Prinzip*, Verlag Lambert Schneider, Heidelberg 1965, Seite 8 und Seite 15
21 Augustinus Karl Wucherer-Huldenfeld, *1929, Augustiner Chorherr und Priester. Er gehört dem Stift Geras an, von 1974 bis 1997 war er Professor für christliche Philosophie und Mystik und Vorstand des Instituts für Christliche Philosophie an der Katholisch-Theologischen Fakultät der Universität Wien.
22 Vgl. dazu: Martin Buber, a.a.O., Seite 158–159
23 Martin Buber, a.a.O., Seite 158–159
24 Brigitte Hamann, *Elisabeth. Kaiserin wider Willen*, Piper Verlag, München Zürich 1998, Seite 335
25 Kae Tempest, *Verbundensein*, suhrkamp nova, Berlin 2021, Seite 13
26 Martin Buber, *Die Erzählungen der Chassidim*, Manesse Verlag, Zürich 1949, Seite 662
27 Peter Turrini in: *Von Tag zu Tag – „Die Minderleister" im Akademietheater*. Ö1, Sendetermin am 24.6.1988, Österreichische Mediathek, 6-03350_b_k02, Minute 08:30 bis 10:30
28 Peter Turrini, *Tod und Teufel. Eine Kolportage*, Programmbuch Nr. 67 vom 10. November 1990, Burgtheater 1990/9, 5. Szene, Seite 37
29 Martin Humer (1925–2011) hatte rund vierzig Jahre seines Lebens (dokumentiert im Film „Der Pornojäger", 1988) gegen jede Art von Pornografie in Kunst, Kultur und Gesellschaft zu kämpfen versucht.
30 Die griechische Mythologie erzählt, Sisyphos habe als König von Korinth seinem eigenen Tod dadurch entkommen wollen, dass er versuchte, dem Todesgott Thanatos Fesseln anzulegen. Zur Strafe wird er dazu verdammt, einen schweren Gesteinsbrocken einen steilen Hang hinauf zu stemmen, was für ihn so schwierig bleibt, dass er ewig und immer wieder von Neuem damit beginnen muss.
31 Der Schweizer Maler Ferdinand Gehr, 1896–1996, gilt als einer der bedeutendsten Erneuerer der sakralen Kunst im zwanzigsten Jahrhundert und ist nicht nur in der Propstei-Kirche, sondern in vielen Räumen in St. Gerold anzutreffen. Er orientierte sich in seinen frühen Jahren an Henri Matisse; in seinen späteren Werken zeigt sich aber auch der Einfluss von Paul Cézanne.
32 Pater Nathanael (Paul) Wirth OSB, 1930–2020, kam nach einer kurzen Tätigkeit als Vikar in der Pfarrei Einsiedeln 1958 als Kooperator in die Propstei St. Gerold. Später wurde er dort Propst und prägte diesen Ort

über fünfzig Jahre lang als über die Landesgrenzen hinaus bekannten Ort der Gottsuche, der Gastfreundschaft, der Begegnung und der Kultur.

33 Vgl. dazu: Markus Hengstschläger, *Die Lösungsbegabung. Gene sind nur Werkzeug. Die Nuss knacken wir selbst!*, Ecowin Verlag bei Benevento Publishing, Salzburg–München, 3. Auflage, 2021

34 „Gewöhnliches Elend" ist ein Ausdruck von Sigmund Freud, mit dem er das Ziel therapeutischer Interventionen zu beschreiben versucht hat. Es gehe dabei nämlich nicht darum, einen Menschen vom Elend des Alltags zu befreien, sondern vielmehr darum, diesem dabei zu helfen, sein „neurotisches Elend", das ihn in Geiselhaft nimmt und im Kreis gehen lässt, in „gewöhnliches Elend" zu verwandeln.

35 Michael Lehofer, *Alter ist eine Illusion. Wie wir uns von den Grenzen im Kopf befreien*, Gräfe und Unzer, München 2020. Michael Lehofer, *1956, Psychiater, Psychologe, Psychotherapeut und Vortragender, ist Ärztlicher Direktor des Landeskrankenhauses Graz Süd-West, dort auch Leiter einer Abteilung für Psychiatrie und Psychotherapie sowie Universitätsprofessor.

36 Vgl. dazu Erwin Ringel, *Das Alter wagen. Wege zu einem erfüllten Lebensabend*, Kremayr & Scheriau, Wien 1993, Seite 29–30

37 Gerald Hüther, *1951, ist Neurobiologe und publizierte vor allem zur experimentellen Hirnforschung. Er ist Autor vieler populärwissenschaftlicher Bücher und gefragter Vortragender.

38 *Lebenswege – Über Gott und die Welt mit Arnold Mettnitzer*, eine bereits seit zehn Jahren bestehende Sendereihe im ORF, Radio Kärnten, in der Zuhörerinnen und Zuhörer anrufen und über ihre Gedanken und Lebenserfahrungen erzählen können.

39 Erwin Chargaff, 1905–2002, war ein österreichisch-amerikanischer Biochemiker und Schriftsteller. Seine Arbeit im Bereich der Genforschung lieferte wichtige Grundlagen für die Entdeckung der DNA-Doppelhelix. Er schrieb auch mehrere erfolgreiche wissenschafts- und gesellschaftskritische Werke.

40 Andrew Newberg/Mark Robert Waldman, *Der Fingerabdruck Gottes. Wie religiöse und spirituelle Erfahrungen unser Gehirn verändern*, Goldmann, München 2012, Seite 205–227

41 Zitiert nach Dirk Stermann, *Mir geht's gut, wenn nicht heute, dann morgen*, Rowohlt hundert Augen, Hamburg 2023

42 Erika Freeman in „*Menschenbilder*" auf Ö1, 7.1.2024

43 Eric Kandel, *1929, Nobelpreisträger für Medizin 2000, ist einer der wichtigsten Neurowissenschaftler des zwanzigsten Jahrhunderts. Im Zentrum seiner Arbeit stand die Erforschung der biologischen Grundlagen von Gedächtnis und Erinnerung, aber auch, wie biologische Prozesse das menschliche Verhalten steuern. Siehe Eric Kandel, *Was ist der Mensch? Störungen des Gehirns und was sie über die menschliche Natur verraten*, Siedler Verlag, München 2018

44 Siehe dazu: Doris Bach, Birgit Rathmaier, Wolfgang Sünder (Hg.), *Wenn dir ein Clown ins Leben tanzt. Erkenntnisse aus der Humorforschung*, Mandelbaum Verlag, Wien 2017, und www.rotenasen.at:

„Rote Nasen Clowndoctors" ist eine Vereinigung von Ärztinnen und Therapeuten, die es sich zum Ziel gesetzt haben, Spitalspatienten und -patientinnen (vor allem Kinder) mit Clownauftritten zum Lachen zu bringen und von der Beschäftigung mit der Krankheit wegzulocken.

45 „Über meiner Hausthür" (Motto der Ausgabe 1887) in: Friedrich Nietzsche, *Die fröhliche Wissenschaft*, Reclams Universalbibliothek Nr. 7115, Ditzingen 2000, Seite 5

46 Georg Breinschmid/Günther „Gunkl" Paal, *Gute Omen ... und 333 noch bessere Wortspiele*, edition a, Wien 2022, Seite 118, 124, 163

47 Norbert Trawöger, *Spiel*, Kremayr & Scheriau, Wien 2022, S. 9. Norbert Trawöger, *1971, ist Musiker (Querflötist), schreibt, lehrt, gestaltet in unterschiedlichsten Zusammenhängen und ist Künstlerischer Direktor des Bruckner Orchester Linz.

48 Norbert Trawöger, a.a.O., Seite 11

49 Walter Rothschild in *Salzburger Nachrichten*, 26.2.2022, Geist & Welt, Seite 9. Walter Rothschild, *1954, ist ein liberaler Rabbiner, Schriftsteller, Kabarettist und Jazzsänger. Judentum und jüdisches Leben stehen im Zentrum seiner Satiren.

50 Friedrich Nietzsche, *Die fröhliche Wissenschaft*, a.a.O., Seite 18

51 Vgl dazu: Andrew Newberg/Mark Robert Waldman, a.a.O., Seite 220

52 Vgl. dazu: Martin A. Nowak mit Roger Highfield, *Kooperative Intelligenz. Das Erfolgsgeheimnis der Evolution*, Verlag C.H. Beck, München 2013

53 André Gide, *Aus den Tagebüchern* 1889–1939, ins Deutsche übertragen und ausgewählt von Maria Schäfer-Rümelin, Büchergilde Gutenberg, Frankfurt am Main–Wien–Zürich 1965, Seite 312–313

54 in: *Kleine Zeitung*, 16.9.2023, Seite 10

55 Reiner Kunze, *eines jeden einziges leben*. Gedichte, S. Fischer Verlag, Frankfurt am Main 1986, Seite 64

56 Epikur, *Von der Überwindung der Angst, Griechisch – Lateinisch – Deutsch*, Aschendorff Verlag, 2. Auflage, Münster 2004, Seite 31. Epikur, 341–270 v. Chr., war der Begründer des Epikureismus und der epikureischen Schule, deren Ziel ein angenehmes, lustvolles und glückliches Leben ist, indem Lust maximiert und Schmerz reduziert wird. Erreicht wird das nach Epikur durch Weisheit, Mäßigung und ein tieferes Verständnis der Natur der Dinge. Ziel ist die „Ataraxia", die innere Ausgeglichenheit, das Ideal der Seelenruhe.

57 Gittli Muster (1920–2011), geboren in Bruck an der Mur, zog mit zwölf Jahren nach der Scheidung ihrer Eltern mit der Mutter nach Villach. Mehrfache Kärntner Meisterin im Schifahren, trainiert von Heinrich Harrer im Schiclub Faak am See. Künstlerin, Absolventin der Universität für Angewandte Kunst in Wien.

58 Wörtlich „Pflücke den Tag", eine zum geflügelten Wort gewordene Aufforderung aus der um 23 v. Chr. entstandenen Ode „An Leukonoe" des römischen Dichters Horaz.

59 Hermann Hesse, *Die Gedichte*, Suhrkamp Verlag, Frankfurt 1992, S. 676

60 Peter Handke im Gespräch mit Hubert Patterer und Stefan Winkler, Kleine Zeitung Edition 2019, Seite 115.
61 Peter Turrini, *Die Schlacht um Wien*, Schauspiel in drei Akten, Luchterhand Literaturverlag, München 1995, Seite 45–46. Herzlichen Dank dem Autor für die freundliche Abdruckgenehmigung.
62 Luigi Spina, *Pompeji*, Elisabeth Sandmann Verlag, München 2023
63 Ingeborg Bachmann, *Lieder auf der Flucht* XV, in: Ingeborg Bachmann, *Werke, Band 1. Sämtliche Gedichte*, © Piper Verlag, München 1978
64 Christine Lavant, *Zu Lebzeiten veröffentlichte Gedichte*, Hg. und mit einem Nachwort von Doris Moser und Fabjan Hafner, Wallstein Verlag, Göttingen 2014, Seite 37
65 Stefan Andres, *An den Tod*, aus: *Der Granatapfel*, Piper Verlag München 1950, zitiert in: Gion Condrau, *Certa moriendi conditio. Der Mensch und sein Tod*, Kreuz Verlag, Zürich und Einsiedeln 1991, Seite 12. Stefan Paul Andres, 1906–1970, studierte Theologie und Germanistik, in den 1950er- und 1960er-Jahren war er ein vielgelesener Autor. Seine bekanntesten Werke sind *El Greco malt den Großinquisitor* und *Wir sind Utopia*. Für sein Werk erhielt er zahlreiche Preise.

# Rechtenachweis

Die Herausgeber dieses Buches haben sich um eine umfassende Klärung der Rechte an den enthaltenen Zitaten und Quellentexten bemüht. Es wurde versucht, mögliche Rechteinhaberinnen und Rechteinhaber ausfindig zu machen und mit diesen Kontakt aufzunehmen. Sollten uns Rechteinhaberinnen und Rechteinhaber entgangen sein, ersuchen wir um Nachsicht und um entsprechende Hinweise.

## Abdruck mit freundlicher Genehmigung von

Rose Ausländer: S. Fischer Verlag
Ingeborg Bachmann: Piper Verlag
Georg Breinschmid/Günter „Gunkl“ Paal: Edition A
Hans-Curt Flemming
Christine Lavant: Wallstein Verlag
Peter Turrini

Die genauen Quellennachweise finden Sie auf Seite 107 ff.

## Liebe Leserin, lieber Leser

Wir hoffen, dieses Buch hat Ihre Zeit veredelt!
Hat es Ihnen gefallen? Dann schreiben Sie uns doch gerne auf Facebook oder Instagram und erzählen Sie Ihrem Freundeskreis davon. Natürlich freuen wir uns auch, wenn Sie dieses Buch Ihrer Buchhändlerin empfehlen oder beim Onlinekauf eine nette Bewertung hinterlassen.
Wollen Sie noch mehr erfahren? Oder mit dem Autor in Kontakt treten? Dann schreiben Sie uns gerne unter **post@styriabooks.at**

Inspiration, Geschenkideen und gute Geschichten finden Sie auch auf **www.styriabooks.at**

/styriabuchverlage
#VeredelungderZeit
#meineLiebeserklärungansÄlterwerden

STYRIA
BUCHVERLAGE


978-3-7088-0853-6

Bücher aus der Verlagsgruppe Styria gibt es
in jeder Buchhandlung und im Onlineshop
www.styriabooks.at

Cover- und Buchgestaltung: Ursula Feuersinger
Projektleitung: Kate Reiserer
Lektorat: Barbara Köszegi
Korrektorat: Gerda Kislinger-Lanzendorfer

Druck und Bindung: Florjančič
Printed in the EU
7 6 5 4 3